Annual Report on the
Internationalization of Renminbi, 2017

人民幣國際化報告2017
強化人民幣金融交易功能

中國人民大學國際貨幣研究所◎著

〈下冊〉

目　錄

第六章

美元加息週期內的重要
發展契機：人民幣國際信貸市場

如果將全球金融市場看作一個整體，各國金融市場看作這個整體的主要器官，那麼資金就是各國金融市場賴以生存的血液，國際信貸市場就是連接各國金融市場的主動脈，作為心臟的商業銀行源源不斷地通過國際信貸市場將資金輸送到各國金融市場以維持各主要器官的正常工作，國際信貸市場的重要性不言而喻，可以說誰佔領了國際信貸市場的主動權，誰就將在國際金融市場中獨領風騷。不得不承認，在過去幾十年中，美元獨佔國際信貸市場中的龍頭地位，根據國際清算銀行的統計資料，在1983年年底，美元債權占全球債權總額的比重達到歷史高點77.6%，2010年以來，該數值的平均值也達到45%，那麼，在過去的30多年中，美元債權的發展都呈現出哪些特點？其和美元匯率之間存在什麼樣的關係？美元債權地位居高不下是否意味著人民幣喪失了進場機會？當下的美元加息通道帶給人民幣的是機遇還是挑戰？在國際社會逐漸接納人民幣的大背景下，如何推動人民幣國際信貸市場的發展？這些問題都和人民幣國際化戰略的長期發展息息相關，本章將試圖對這些問題進行回答。

6.1 人民幣國際信貸市場的發展現狀

6.1.1 人民幣國際信貸市場的發展規模

　　中國金融機構人民幣境外貸款業務近年來增長緩慢，雖然人民幣境外貸款絕對數量已經由2011年年初的1 422.8億元人民幣增長至2016年12月的4 373.26億元人民幣，但從結構上來看，金融機構人民幣境外貸款占人民幣總貸款的比重目前仍然僅為0.41%（見圖6—1）。

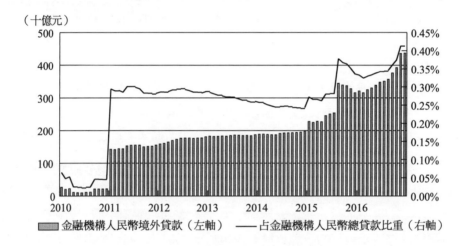

圖6—1　金融機構人民幣境外貸款

資料來源：Wind。

　　和境內金融機構人民幣跨境貸款相比，離岸市場人民幣信貸業務雖然開展較晚，但這兩年發展穩定。2004年，香港開始正式發展人民幣離岸業務，但始終是以人民幣存款為主，產品類型比較單一，人民幣信貸從2011年才開始得到發展，且目前仍是以香港市場為主，其他人民幣離岸市場基本上還沒有大規模展開人民幣信貸業務，截至2016年11月底，香港人民幣貸款規模已經由2011年年底的310億元人民幣擴展到3 030億元，是原來的近10倍。同期，香港人民幣存款經歷了波段式發展（見圖6—2），2014年年底快速上升至1萬億元人民幣

後，截至2016年11月又下降至6 276億元人民幣（2011年11月為6 273億元人民幣），雖然人民幣存款有所下降，但是人民幣貸款卻穩步發展，香港人民幣貸款占人民幣存款的比重已經由2011年11月的0.49%上升至2016年11月的48.3%，離岸市場的人民幣使用管道在逐步拓寬。

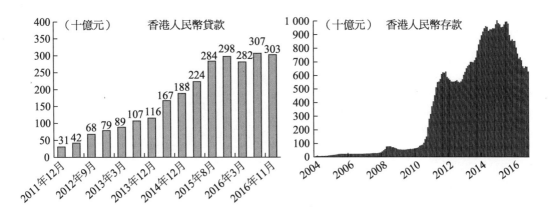

圖6—2　香港離岸市場人民幣存貸款業務發展

資料來源：Wind。

6.1.2　人民幣國際信貸市場的全球佈局

　　本章將以中國主要的兩家政策性銀行為著眼點分析中國跨境人民幣信貸的戰略佈局。國家開發銀行和中國進出口銀行是國家對外金融政策和戰略的主要實施者，從這兩家銀行的國際業務發展路線可以洞察出人民幣國際化業務的未來發展方向和國家戰略佈局，這兩家銀行的國際業務發展規模和速度也普遍超過國內其他金融機構。

　　截至2015年年末，國家開發銀行國際業務項目遍佈全球115個國家和地區，貸款餘額2 867億美元，約占全行本外幣貸款餘額的四分之一，其中外幣貸款餘額2 760億美元（見表6—1），跨境人民幣貸款餘額690億元，占國家開發銀行國際業務貸款餘額的比重為3.73%，而同期全國金融機構人民幣境外信貸占人民幣貸款總額的比重僅為0.34%。國家開發銀行外幣貸款餘額從2005年的

162億美元增長至2015年年末的2 760億美元，是原來的17倍。2009年，國家開發銀行以979億美元的貸款餘額躍居國內同業首位，之後連續6年保持國內同業第一，是中國最大的對外投融資合作銀行，也是全球資產規模最大的開發性金融機構。雖然國家開發銀行的跨境人民幣貸款發展領先於國內其他金融機構，但是從結構上來看，近三年來，跨境人民幣貸款餘額占比並沒有顯著變化，維持在3%～4%。從區域分佈上看（見圖6—3），國家開發銀行的跨境貸款是以亞非歐為主，亞洲地區貸款占跨境貸款總額的比重在2014年達到37%，其中東盟地區跨境貸款專案個數為11個，占國家開發銀行亞洲地區跨境貸款專案總數的32.3%。國家開發銀行跨境貸款的戰略佈局和國家「一帶一路」倡議高度吻合，「一帶一路」沿線國家當前是經濟發展的高速擴張期，經濟發展需要資金，尤其需要長期資本的支援，但目前這個地區的資金流入顯然是不足的，無論是國家開發銀行，還是亞洲基礎設施投資銀行都應將重點放在沿線國家人民幣使用的擴展上，大規模使用人民幣來彌補美元流動性的不足，在滿足沿線國家經濟發展的同時提升人民幣國際化程度。

表6—1　國家開發銀行跨境人民幣貸款發展

	跨境人民幣貸款餘額		國際業務外幣貸款		跨境人民幣貸款餘額占國際業務貸款餘額的比重（%）
	億元人民幣/億美元	增速（%）	億美元	增速（%）	
2013年年末	630 / 103	—	2 505	—	3.95
2014年年末	564 / 92	−10.48	2 670	6.59	3.33
2015年年末	690 / 107	22.34	2 760	3.37	3.73

資料來源：《國家開發銀行2013年度報告》《國家開發銀行2014年度報告》《國家開發銀行2015年度報告》。

和國家開發銀行不同，中國進出口銀行的跨境信貸主要以貿易融資為主，其中主要是出口賣方信貸和進口信貸，出口買方信貸相對較少，2015年中國進出口銀行貨物貿易貸款中的出口賣方信貸餘額同比增長13.16%，達到2 382.52億元人民幣。2014年中國進出口銀行主要扶持的境外專案包括：祕魯拉斯邦巴斯銅礦收購專案、寮國衛星系列專案、肯亞蒙巴薩至奈洛比鐵路項目、塔吉克

斯坦杜桑貝2號熱電廠二期建設項目、塞爾維亞澤蒙—博爾察大橋專案、挪威Prosafe公司半潛式海工生活平臺項目。2015年中國進出口銀行主要扶持的境外專案有：幾內亞卡雷塔水電站項目、衣索比亞阿達瑪風電項目、巴基斯坦凱西姆港燃煤應急電站專案、孟加拉希拉甘傑220MW聯合循環電站項目、白俄羅斯電力機車出口和鐵路電氣化改造項目和烏茲別克納沃伊PVC、燒鹼、甲醇生產綜合體項目。由此可見，和國家開發銀行類似，中國進出口銀行跨境業務的全球佈局仍然主要以亞非拉地區為主。

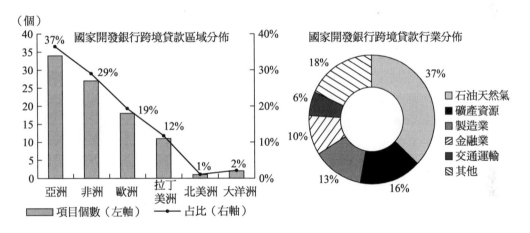

圖6—3　國家開發銀行跨境貸款區域分佈和行業分佈

資料來源：《國家開發銀行2014年度報告》。

　　從跨境貸款的行業佈局來看，國家開發銀行的跨境貸款行業分佈基本與「一帶一路」沿線國家的主要核心產業相關，以石油、天然氣等礦產資源和製造業為主，說明國家開發銀行的貸款行業更加傾向於傳統支柱型產業，而中國進出口銀行貸款則與中國出口產品結構高度相關，值得注意的是，近幾年中國出口貿易結構升級已見成效，高新技術產品出口逐年增加，同時也成為中國進出口銀行主要扶持的方向，從2013年和2014年中國進出口銀行出口賣方信貸行業分佈圖（見圖6—4）可以看出，中國進出口銀行貸款偏向於扶持高新技術產品、船舶和一般機電產品等技術密集型產業。要推動人民幣國際信貸的發展，

首先就應當從出口信貸入手，伴隨著中國出口產業結構升級進程的推進，中國
出口產品的可替代程度將逐漸降低，這意味著中國出口企業在結算貨幣選擇方
面的議價能力將不斷加強，這將極大促進人民幣國際信貸的發展。德國馬克在
20世紀六七十年代迅速崛起成為主要的國際貨幣，依靠的就是德國強大的工業
競爭力，德國的出口產品長期保持在全球產業鏈的前端，使得德國出口企業具
有很強的結算貨幣議價能力，當時德國出口產品中有80%是以德國馬克進行計
價的，可以說極具競爭力的「德國製造」是全球市場對德國馬克真實需求長期
穩定的最主要支撐力量。

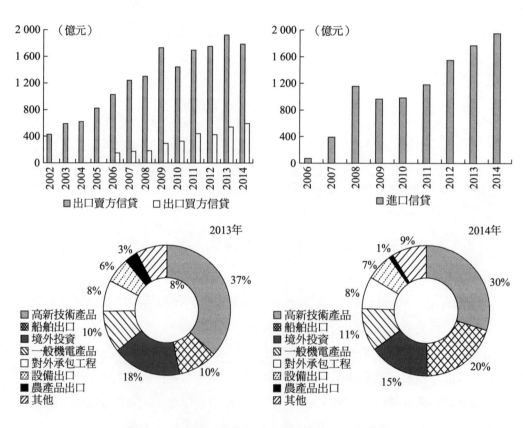

圖6—4　中國進出口銀行出口賣方信貸及其行業分佈

資料來源：中國進出口銀行年報。

6.1.3 人民幣國際信貸市場發展滯後的原因分析

人民幣國際信貸市場的發展目前還處在初級階段，與其他主要國際貨幣在國際信貸市場中的發展水準還有一定的距離，本章接下來將從主要國家國際信貸市場發展經驗入手從貿易、金融、貨幣國際化程度三個方面闡釋制約人民幣國際信貸市場發展的主要因素。

1.國際經驗分析

美元作為最主要的國際貨幣，其在國際信貸市場中所占的份額也是遙遙領先其他貨幣的，本章通過大量的資料統計發現美國商業銀行的對外債權主要分佈在歐洲和亞洲（見圖6—5），其美元信貸在歐洲的佈局在次貸危機發生之前最高點接近60%，目前這兩年穩定在40%左右，而美國商業銀行在亞洲地區的信貸佈局在2008年金融危機發生後則呈現出快速發展的趨勢，這主要是由於美元量化寬鬆政策導致的低利率吸引了亞洲國家的諸多企業前往離岸市場拆借美元，2008年年底，美國商業銀行在亞洲地區的債權僅占其海外總債權的4.79%，而截至2016年10月，這個資料已經達到21.09%。

美國商業銀行在歐洲地區和亞洲地區的債權分佈都比較集中，歐洲地區主要集中在英國，占比超過60%，其次是法國，近十年一直維持在10%左右。在亞洲國家或地區中，美國商業銀行對外債權超過60%集中在日本，而且這個集中度還在日益增加，截至2016年10月，美國商業銀行在日本的債權占全亞洲債權的比重已經超過70%，其次是香港，占比在6%～10%，而在中國大陸的債權份額目前只有3.9%，該指標從2015年開始一直在逐漸下降。英國和日本分別是歐洲和亞洲地區的金融中心，美國商業銀行的大量債權流向這兩個國家是情理之中，由此可見，美國商業銀行的海外債權走的是國際金融中心這個通道，短期來看，即使美聯儲進入加息通道，美元走強，英國和日本這兩大國際金融中心美元信貸的主導地位並不會受到太大影響，那麼對於中國的商業銀行和人民幣國際信貸來說，我們的路線是否一定要遵循美國商業銀行的道路呢？答案當然是否定的，我們可以借鑒德國發展國際信貸市場的經驗策略。

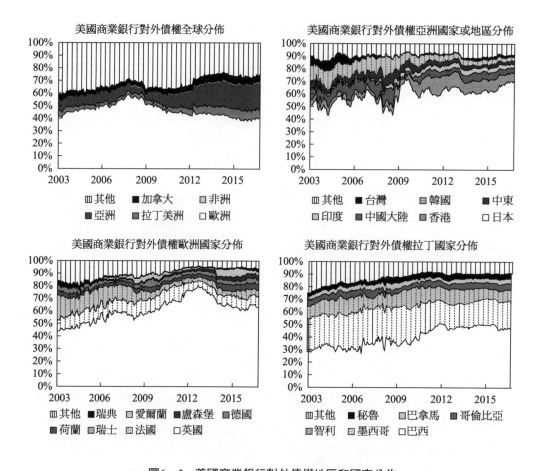

圖6—5　美國商業銀行對外債權地區和國家分佈

資料來源：Wind。

　　圖6—6是德意志銀行對外債權和德國對外貿易全球分佈的對比圖，從圖中可以看出，德國佈局對外信貸時，主要以貿易路徑為主，德國最主要的交易夥伴集中在西歐、北美和亞太地區，德國在這三個地區的貿易量佔其貿易總額的比重在2015年為79.2%，德意志銀行的對外信貸佈局也是偏向於這三個地區，2015年其在這三個地區的債權總額佔其對外信貸總額的比重達到48.4%，可以看出德國商業銀行的對外信貸主要是基於實體經濟為其進出口業務服務的，貿易路徑也應該成為人民幣信貸拓展的主要策略選擇。我們應大力拓展與中國有

緊密貿易往來國家人民幣信貸市場的發展，美元信貸的過於集中給人民幣國際信貸的發展帶來了機遇。法蘭克福是歐元區首個人民幣離岸市場，中國對德國貿易一直處在貿易逆差的狀態，即我們需要具備長期穩定的對德淨支付，當歐元和美元流動性不足，無法保障支付時，人民幣應當成為次優選擇。綜合美國和德國對外債權擴展路徑的經驗分析可以看出，通過貿易信貸鼓勵外國進口商使用人民幣對中國出口商進行支付是目前最有效的擴展途徑。

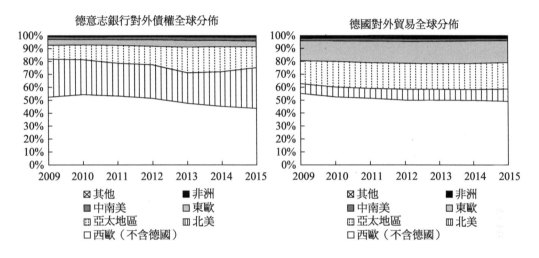

圖6—6　德意志銀行對外債權和德國對外貿易全球分佈

資料來源：德意志銀行2008—2015年年報、UN COMTRADE資料庫。

此外，從商業銀行對外債權結構可以看出（見圖6—7），美國、德國和英國商業銀行的對外債權主要是以1年及1年期以下短期信貸為主，2年期以上長期信貸為輔，美國商業銀行對外債權中的短期信貸占比超過70%，德國和英國都超過了40%。日本則相反，其短期信貸比重從20世紀90年代末期開始逐年下降，2016年中期只有12.7%，其長期信貸比重相應上升，目前維持在46.5%。從這些資料可以看出，主要國際貨幣發行國的對外信貸大都是以短期信貸為主，這反映出市場的需求主要傾向於利用外部信貸進行短期融資，這給人民幣信貸市場一個很好的啟示，即我們在推廣人民幣信貸產品時，應以短期信貸為主，

長期信貸為輔，首先考慮填補市場短期融資需求。

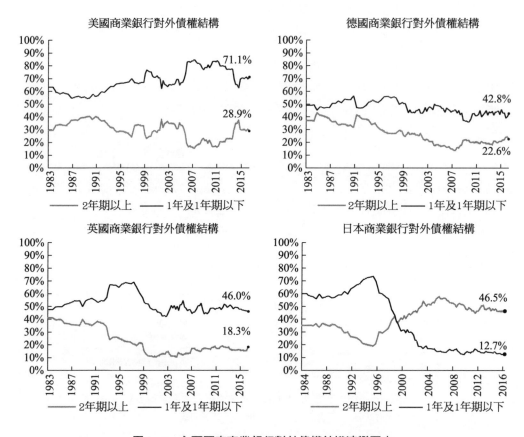

圖6—7　主要國家商業銀行對外債權結構演變歷史

資料來源：國際清算銀行。

2.制約人民幣國際信貸市場發展的主要因素

　　根據以上對美國、德國、英國和日本對外債權結構的經驗分析可以得出結論，目前制約人民幣國際信貸市場發展的主要因素集中在三個方面：貿易、金融、貨幣國際化程度。

　　（1）制約因素一：國內企業在國際貿易產業鏈中缺乏主導權。

　　雖然中國已經是世界第一大貿易國，但是在國際貿易結構、產品差異化程度以及產品定價等方面中國仍然處於弱勢地位，中國的出口產業大都屬於出口

加工型貿易，依賴於廉價的勞動力和政策支援，產品附加值相對較低。此外，中國大部分的核心技術都由外資控制，本國企業創新能力較低，導致在貿易談判中議價能力微弱。在中國的很多製造領域產業中，外資控股的地位甚至已經超過了70%，例如在電梯行業5家主要企業、洗滌用品行業15家主要企業、彩色顯像管工業、家用電器工業以及醫藥行業13家主要企業中，外企控股的比例已經分別達到：100%、93.3%、86.7%、92.3%以及75%。外企控股規模的逐漸攀升在一定程度上制約了中國企業在製造業領域競爭優勢的發展。

雖然中國經濟在不斷向前發展，國際競爭力也明顯上升，尤其是2008年全球金融危機爆發後，中國成為帶動亞洲地區經濟整體競爭力提升的核心推動力。中國各方面國際排名都在穩步上升，但是在整體競爭力（見表6—2）、勞動力市場效率（見表6—3）、企業創新能力及新技術吸收程度（見表6—4）、商品市場效率（見表6—5）以及商業成熟度（見表6—6）幾個方面與主要國際貨幣發行國或地區還有很大的差距。國際競爭力不足最明顯的負面效應就是企業競爭優勢以及在國際市場中參與分配的控制能力不足，中國企業在國際市場中參與分配的控制能力排名仍然比較落後。雖然近十年來，日本的經濟持續低迷，但是日本在商品市場效率和企業創新能力方面仍然排在世界前列，而中國在這兩個方面2016年排名則僅為第56位和第30位。中國當地的供應商數量雖然較多，但是企業品質和產品品質卻都普遍偏低。從這些資料來看，雖然中國是貿易大國，但是還遠遠非貿易強國。由於金融系統的建設最終還是要落腳於實體經濟的發展，企業競爭力不足將在很大程度上制約人民幣離岸業務的拓展。

目前來說，制約人民幣國際信貸發展的最主要因素就是中國製造品的產品差異程度低，產品差異程度低會導致出口價格彈性過大，降低了企業的議價能力，使得企業不能在國際貿易產業鏈中佔據主導權和貨幣選擇權。

表6—2　全球整體競爭力排名

國家	2013（148國）		2014（144國）		2015（140國）		2016（138國）	
	得分	排名	得分	排名	得分	排名	得分	排名
美國	5.5	5	5.5	3	5.6	3	5.7	3
德國	5.5	4	5.5	5	5.5	4	5.6	5
英國	5.4	10	5.4	9	5.4	10	5.5	7
日本	5.4	9	5.5	6	5.5	6	5.5	8
中國	4.8	29	4.9	28	4.9	28	5.0	28

注：表中「得分」部分滿分為7分，表中按照2016年排名進行排序。

資料來源：世界經濟論壇。

表6—3　勞動力市場效率排名

國家	2014（144國）	2015（140國）	2016（140國）
美國	4	4	4
英國	5	5	5
日本	22	21	19
德國	35	28	22
中國	37	37	39

注：表中按照2016年排名進行排序。

資料來源：世界經濟論壇。

表6—4　企業創新能力及新技術吸收程度排名

國家	2014（144國）	2015（140國）	2016（140國）
企業創新能力			
美國	5	4	4
德國	6	6	5
日本	4	5	8
英國	12	12	13
中國	32	31	30
企業新技術吸收程度			
美國	3	3	4
英國	14	14	9
德國	13	13	12

續前表

國家	2014（144國）	2015（140國）	2016（140國）
日本	2	2	18
中國	68	66	60

注：表中按照2016年排名進行排序。

資料來源：世界經濟論壇。

表6—5　商品市場效率排名

國家	2014（144國）	2015（140國）	2016（140國）
商品市場綜合效率			
英國	13	12	9
美國	16	16	14
日本	12	11	16
德國	19	23	23
中國	56	58	56
市場主導程度			
日本	2	2	1
德國	3	3	3
美國	14	11	6
英國	15	15	12
中國	29	28	23
當地競爭強度			
日本	1	1	1
英國	5	3	3
美國	10	4	5
德國	12	7	10
中國	44	36	36

注：表中按照2016年排名進行排序。

資料來源：世界經濟論壇。

表6—6　商業成熟度排名

國家	2014（144國）	2015（140國）	2016（140國）
商業綜合成熟度			
日本	1	2	2

續前表

國家	2014（144國）	2015（140國）	2016（140國）
德國	3	3	3
美國	4	4	4
英國	6	6	7
中國	43	38	34
當地供應商數量			
日本	1	1	1
德國	2	2	2
英國	3	4	4
美國	8	7	5
中國	24	15	16
當地供應商品質			
日本	1	1	2
德國	4	4	4
美國	8	10	9
英國	13	16	16
中國	63	63	57
商業競爭優勢			
日本	1	1	2
英國	9	8	8
德國	7	7	10
美國	14	16	18
中國	45	48	43
國際市場分配控制能力			
德國	6	3	1
美國	5	6	2
日本	1	2	5
英國	19	8	8
中國	31	29	29
生產流程成熟度			
日本	2	2	2
德國	4	3	7
美國	7	7	9
英國	12	11	12

續前表

國家	2014（144國）	2015（140國）	2016（140國）
中國	56	49	44
商業市場化程度			
美國	1	1	1
英國	2	2	2
德國	7	7	7
日本	8	20	28
中國	52	64	62

注：表中按照2016年排名進行排序。

資料來源：世界經濟論壇。

（2）制約因素二：金融機構國際化程度有限。

金融機構的國際競爭力不足導致中國推動人民幣跨境信貸存在諸多障礙。從目前的情況看，中國金融機構的國際化程度是相對較低的。經過加入WTO的過渡和銀行體系的改革後，中國銀行業國際化發展的條件逐漸具備。特別是中國政府推出「走出去」戰略之後，過去銀行業國際化緩慢發展的情況得到了改變。迄今為止，中國銀行的分支機構已經遍佈亞太地區、歐洲、美洲和非洲。其中亞太地區是中國銀行海外分支機構分佈最廣的地區。但中國銀行國際化仍然以國有商業銀行為主，其他商業銀行的海外資產規模相對較小，占銀行總資產的比重也比較小。雖然中國金融機構的國外分支機構已經遍地開花，但是整體來看人民幣跨境業務進展仍然有限。

商業銀行的海外發展對一國貨幣國際化的發展將起到不可替代的顯著作用。2004年以來，在經歷了一系列的股份制改革後，中國四大國有商業銀行的國際競爭力逐漸提升，但是相比較巴西和印度等其他新興市場國家，中國的銀行業發展仍顯落後。陳雨露和甄峰（2011）[1]分別從廣義和狹義兩個角度定義了商業銀行的國際競爭力，從廣義角度來看，在全球化的大背景下，無論其規模大小和市場深度如何，所有商業銀行都面臨生存、競爭、發展等國際競爭的問題；從狹義角度來看，商業銀行的國際競爭力主要是指商業銀行在參與全球同

1　陳雨露，甄峰。大型商業銀行國際競爭力——理論框架與國際比較.國際金融研究，2011(2)：89-96。

業競爭、在國際規則下拓展業務、尋求全球市場發展的過程中所表現出來的組織與內部控制、盈利與財務表現以及金融產品創新與持續發展的能力。無論從廣義角度還是狹義角度來看，中國商業銀行都面臨國際競爭力不足的困境。根據世界經濟論壇每年對各個國家金融體系各方面的排名（見表6—7），雖然中國在銀行穩健性和獲得貸款容易程度方面的排名在五年間都有所上升，金融市場的發展也在穩步完善，但是和其他主要國際貨幣發行國的金融市場相比，中國仍顯落後。

表6—7　金融市場發展排名

國家	2015		2016	
	得分	排名	得分	排名
金融市場發展排名				
美國	5.5	5	5.6	3
英國	4.8	16	4.9	16
日本	4.7	19	4.9	17
德國	4.7	18	4.9	20
中國	4.1	54	4.2	56
銀行穩健性排名				
日本	5.8	28	5.8	29
美國	5.6	39	5.6	36
德國	5.4	46	5.4	45
英國	5.0	63	5.1	62
中國	4.7	78	4.6	79
獲得貸款容易程度排名				
日本	3.7	19	5.3	6
美國	3.9	14	5.3	7
德國	3.3	35	5.0	15
中國	3.7	21	4.5	36
英國	2.7	82	4.3	49

注：表中按照2016年排名進行排序。

資料來源：世界經濟論壇。

（3）制約因素三：人民幣國際化程度有限。

人民幣國際化發展和人民幣國際信貸之間是螺旋式上升的關係，外國企業接受人民幣的前提必然是人民幣國際化程度的提高，而人民幣國際化程度的提高又依賴於人民幣國際信貸市場的發展。從圖6—8主要國際貨幣發行國商業銀行債權結構可以看出，美國、德國和日本商業銀行的跨境信貸規模都超過國內本幣信貸。根據國際清算銀行的資料，截至2016年6月，美國商業銀行對外所有幣種債權占總債權的比重為64.3%，德國和日本商業銀行的該指標也已經接近80%，即主要國際貨幣發行國商業銀行的債權主要是以跨境信貸為主，而中國金融機構各項本外幣貸款中幾乎都是境內貸款，占總貸款比重超過97%，人民幣信貸境內貸款比重更是高達99.59%，從國際信貸市場的發展來看，人民幣國際化程度還遠遠落後於其他主要國際貨幣。

此外，由於國際市場對人民幣接受程度有限，導致金融機構籌措人民幣的成本長期高於美元等主要國際貨幣，這直接導致人民幣貸款利率高於其他國際貨幣，從而降低了人民幣信貸的吸引力。中國進出口銀行和國家開發銀行在貸款業務上近些年一直遵循的都是「保本微利」的原則，這就要求人民幣跨境貸款的利率一定要高於金融機構籌措資金的成本，而金融機構籌措資金的最主要管道就是通過在境內外市場發行人民幣債券，表6—8給出了香港市場不同期限貨幣債券平均息票利率的對比情況，從表中可以看出人民幣債券的息票利率明顯高於美元、歐元和港幣，1年期人民幣債券的平均息票利率為2.73%，而美元債券僅為0.96%，平均利差為1.77%，而2年期人民幣和美元債券的平均息票利率差已高達3.46%，若考慮到金融機構自身的盈利，這個利差還可能更高。

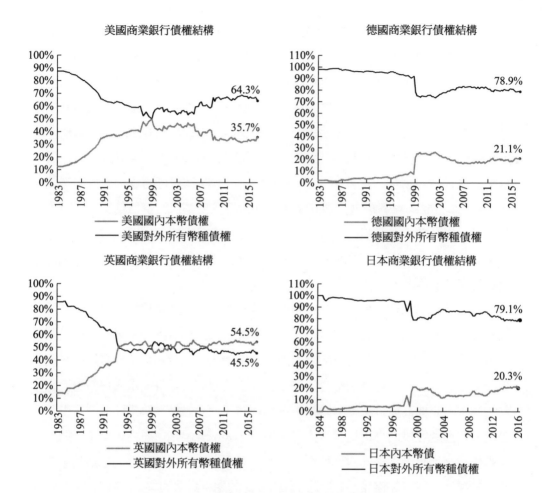

圖6—8　主要國家商業銀行債權結構演變歷史

表6—8　　香港市場不同期限貨幣債券平均息票利率對比　　　　　　　　　　（%）

債券期限 （年）	新加坡元	澳洲元	紐西蘭元	歐元	美元	港幣	人民幣
0.08	—	—	—	—	—	1.25	4.87
0.17	—	—	—	0.00	—	—	9.23
0.25	—	—	—	0.00	0.84	0.71	3.83
0.42	—	—	—	—	0.00	0.70	3.47

續前表

債券期限 （年）	新加坡元	澳洲元	紐西蘭元	歐元	美元	港幣	人民幣
0.5	—	—	—	0.00	0.95	0.67	1.56
1	0.82	—	—	0.00	0.96	1.07	2.73
2	—	—	—	—	1.21	1.14	4.67
2.5	—	—	—	—	0.00	1.80	4.55
3	—	4.62	—	1.25	1.59	1.96	4.49
4	—	—	4.41	—	0.42	4.31	5.75
5	—	—	—	—	1.70	1.98	3.97
6.5	—	—	—	—	—	0.00	4.00
7	—	—	—	—	1.78	3.45	3.49
9	—	—	—	—	—	3.91	6.15
10	—	—	—	—	3.61	3.70	3.54
15	—	—	—	—	—	3.72	3.84
20	—	—	—	—	—	4.04	4.18
30	—	—	—	—	3.25	3.81	4.15

資料來源：香港金融管理局債務工具中央結算系統。

　　2007年中國進出口銀行首次推出了以Shibor為基準的浮動利率債券，國家開發銀行在發行人民幣債券時也一直堅持使用Shibor進行報價，離岸市場中美元債券的發行多以美元Libor為基準進行報價，從圖6—9中可以看出，人民幣Shibor明顯高於美元Libor，當然這主要是由兩種貨幣不同的流動性所造成的，但是卻直接導致了金融機構發行人民幣債券成本的提高。

　　表6—9給出的是國家開發銀行2013—2015年期間發行本外幣債券利率的對比情況，境內外人民幣債券的平均發行利率普遍高於境內外外幣債券的發行利率，2015年，境外外幣金融債券發行利率大幅下降，進一步增加了發行人民幣債券的相對成本，這一方面是由於人民幣債券和外幣債券的發行期限不同，人民幣債券的發行期限明顯長於外幣債券，另一方面也可以看出投資者對外幣的信心還是要強於人民幣的。籌資成本的提高使得金融機構不得不提高人民幣貸款的發行利率，進一步降低了人民幣信貸的市場吸引力。

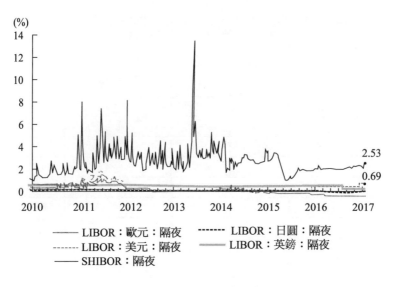

圖6—9　　主要貨幣基準利率對比

資料來源：Wind、國際清算銀行。

表6—9　　國家開發銀行本外幣債券發行利率對比

	發行日			到期日			利率區間（%）			餘額（百萬元人民幣）		
	2013	2014	2015	2013	2014	2015	2013	2014	2015	2013	2014	2015
境內發行人民幣金融債券	2001—2013	2001—2014	2001—2015	2014—2063	2015—2063	2016—2065	2.65～6.05	2.62～5.90	1.83～5.90	5 687 073	6 201 462	6 563 587
境外發行人民幣金融債券	2012—2013	2012—2014	2012—2014	2015—2032	2015—2032	2017—2032	2.69～4.50	2.95～4.50	3.30～4.50	10 481	14 975	10 716
境內發行外幣金融債券	2013	2013	2013—2015	2018	2018	2018	1.49	1.48	1.33～1.60	5 253	5 277	18 569
境外發行外幣金融債券	2004—2005	2005—2014	2014—2015	2014—2015	2015—2017	2016—2020	4.75～5.00	0.51～5.00	0.88～2.50	9 730	7 890	10 953

資料來源：《國家開發銀行2013年度報告》《國家開發銀行2014年度報告》《國家開發銀行2015年度報告》。

6.2 人民幣國際信貸市場發展的時代背景與機遇

2016年10月，人民幣正式進入SDR貨幣籃子，雖然目前SDR使用規模和範圍都無法和美元相比，但這是人民幣國際化過程中一個非常重要的制度性紅利，表明國際社會接納了中國的貨幣、市場和制度，這個意義遠勝於匯率調整、資本流出等短期因素衝擊。未來我們應該抓住這個制度性機遇，進一步強化人民幣的金融交易功能，增加國際社會配置人民幣資產的便利性。美元進入加息週期為人民幣國際信貸市場的發展提供了機會視窗，同時全球經濟對中國貿易依賴程度的逐步提高和全球發展中國家貨幣錯配問題的日益集聚都使得人民幣國際信貸市場的擴展成為時代發展的必然趨勢。

6.2.1 美元升值預期為人民幣國際信貸市場發展打開機會視窗

1.美元匯率對國際貨幣信貸市場的影響

布列敦森林體系崩潰後，國際貨幣體系進入多元化國際貨幣時代，美元也不再是國際金融市場的唯一霸主，馬克和日圓都迅速崛起，成為國際貨幣體系中第二梯隊的成員，1999年歐元替代馬克和法郎成為歐元區的法定貨幣和全球第二大國際貨幣，日圓在經歷了20世紀80年代中期到90年代初的快速發展後，伴隨著日本經濟泡沫的破裂，日圓國際化程度也呈斷崖式下降，由圖6—10可以看出，全球主要貨幣債權結構基本上遵循了國際貨幣體系演變的規律，美元在20世紀80年代初在全球國際信貸中的占比最高時接近78%，隨後逐漸下降，截至2016年6月，美元在國際信貸中占比大概為48.9%，歐元占比為29.2%，英鎊和日圓分別占4.4%和6.0%。

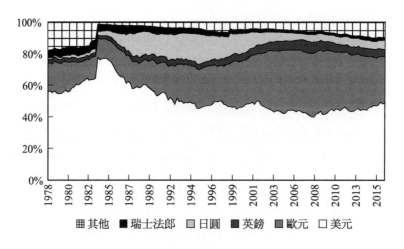

圖6—10　全球主要貨幣債權結構歷史演變

資料來源：BIS。

　　從圖6—11國際信貸市場的發展歷程可以看出，在《廣場協議》簽訂之前美元快速升值的階段，馬克信貸、日圓信貸和英鎊信貸都出現了一輪快速發展，而美元信貸同比增速則快速下降，強幣在快速升值階段帶給債務人的償債壓力是不可估量的。同樣，在美元指數處在下降通道中時，其他主要貨幣的信貸發展就會受到制約，這一點在2008年開始的美元量化寬鬆政策期間表現得尤為明顯，以歐元、日圓、英鎊為標的的國際信貸同比增速迅速分別從30%、62%和60%下降至超過－20%，美元國際信貸雖受到全球經濟疲軟的拖累有所下降，但是下降幅度有限，離岸市場中的美元信貸成為各國投資者追逐的目標，美聯儲接近於零的基準利率和弱勢美元的預期，使得企業紛紛選擇借入美元進行融資。從2015年開始，美元重新進入升值通道，企業償債壓力驟然加大。目前來看美元信貸的同比增長還沒有顯著受到美元升值的影響，但歐元和日圓國際信貸的同比增速已經開始抬頭，最近幾次的歐央行和日本央行貨幣政策決議都宣佈維持低利率不變，相比較美聯儲的鷹派決議，包括人民幣在內的其他國際貨幣在國際信貸市場中的吸引力將逐漸上升。

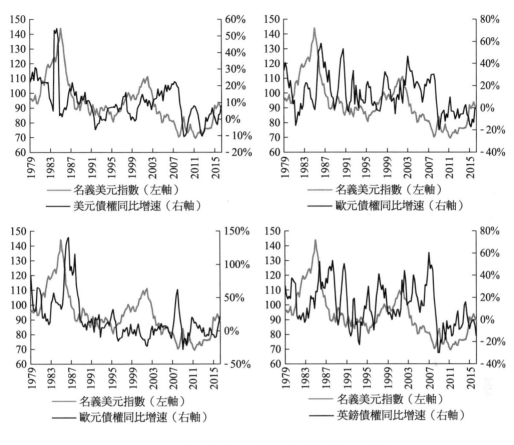

圖6—11　美元指數與全球主要貨幣債權同比增速

資料來源：Wind，BIS。

　　2017年1月18日，美聯儲主席耶倫在舊金山發表講話時宣稱，當失業率達到4.75%的時候，美國接近充分就業，且美國當前經濟增長強勁且穩健，通脹也已經開始向2%的目標邁進。美聯儲多位委員都預計在未來一年內有多次加息，並且預計在2019年之前每年都將加息幾次，這意味著美國緊縮性貨幣政策和美元升值時代的開啟。新任美國總統川普鼓勵使用擴張性財政政策拉動經濟增長，經濟學理論和歷史經驗都告訴我們，緊縮性貨幣政策伴隨著擴張性財政政策會造成貨幣的迅速大幅升值。如圖6—12所示，布列敦森林體系崩潰後，美元開啟的三次強勢升值通道都伴隨著美國國內經濟政策的轉變，20世紀80年

代初雷根政府財政政策刺激、90年代中後期美聯儲不斷持續性加息從3%的利率水準一直提升到2000年末的6.5%，此輪美元指數的上揚與美聯儲2014年開始逐漸退出量化寬鬆息息相關，如果川普的一系列財政刺激計畫順利實施，那麼不難想像美元在未來3～5年內將有較強的升值預期。那麼在美元升值背景下，人民幣作為國際金融市場中的補充貨幣，理應在國際信貸市場中贏得一席之地。

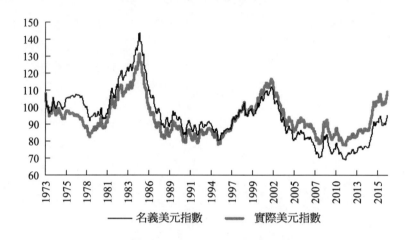

圖6—12　美元指數歷史演變

資料來源：Wind。

2.國際信貸中的貨幣選擇

在國際信貸中，對於借貸貨幣的選擇大致可以分成四類：貸款國貨幣、借款國貨幣、第三國貨幣和複合貨幣（如SDR）。債權人傾向於使用硬通貨，而債務人則更加傾向於使用軟通貨，軟通貨的貸款利率往往高於硬通貨，那麼是不是說借入硬通貨的總成本一定低於軟通貨呢？當然不是。在借貸活動中，一方面要考慮貸款利率，另一方面要考慮匯率變動，我們借助無拋補利率平價（uncovered interest parity, UIP）來對這個問題進行分析：

$$R = R* + \frac{S^e - S}{S} \qquad (1)$$

這裡我們假設式中S的匯率標價形式為直接標價法，R代表本幣貸款利率水準，R^*代表外幣貸款利率水準，則站到本國企業的角度，直接借入本幣的成

本是R，借入外幣的成本則是R^*加上本幣與外幣同期變動程度，這裡不能簡單比較兩國的貸款利率水準，而需要統籌考慮匯率變動，即使$R > R^*$，當本幣相對於外幣貶值幅度大於$R - R^*$時，借入本幣仍然是企業的最優選擇。接下來我們將通過幾個簡單的情景假設來分析人民幣未來作為主要國際借貸貨幣的前景。

2016年12月15日，美聯儲主席耶倫宣佈上調美元基準利率25個基點，美國的聯邦基金利率變成0.75%，美元Libor利率也隨之上升，截至2017年1月20日，1年期美元Libor和香港市場1年期人民幣Hibor分別為1.73%和5.83%，目前中國內地商業銀行1年期貸款利率為4.35%。同時假設企業和銀行之間採用基準利率加點定價模型來為國際信貸定價，即貸款利率＝基準利率＋違約風險溢價＋期限風險溢價＋利潤率。根據國際慣例，這裡採用美元Libor作為美元貸款的基準利率，同時我們使用人民幣Hibor作為離岸市場人民幣貸款基準利率，此外假定銀行利潤率為1%，且企業信用狀況均良好，又由於是1年期貸款，為了簡化，這裡不考慮違約風險溢價和期限風險溢價，據此我們以借入1年期貸款為例進行以下情景假設：

（1）情景假設Ⅰ：債務人為需要使用人民幣的中國內地企業。

假定中國內地企業從國內商業銀行借入1年期人民幣貸款的利率為R，從離岸市場借入1年期美元貸款的利率為R^*，Libor為美元貸款基準利率，則根據基準利率加點定價模型可以算出企業當前借入美元貸款的成本應為Libor＋利潤率＝1.73%＋1%＝2.73%。則根據式（1）可以推出當美元兌人民幣在未來一年之內升值幅度超過1.62%（＝4.35%－2.73%）時，企業借入人民幣的整體成本就小於借入美元，而2016年人民幣相對美元貶值幅度已經達到6.83%，2017年伴隨著美聯儲緊縮性貨幣政策的實施，美元走強恐怕是大勢所趨，美元兌人民幣升值幅度大概率會超過1.62%，則對於需要使用人民幣的中國內地企業來說，直接從國內商業銀行借入人民幣的成本將小於從離岸市場借入美元。

（2）情景假設Ⅱ：債務人為需要使用人民幣的第三國企業。

假定第三國企業從離岸市場借入1年期人民幣的利率為R，這裡選用人民

幣Hibor作為離岸市場人民幣貸款的基準利率，借入1年期美元貸款的利率為R^*，Libor為美元貸款基準利率，則根據基準利率加點定價模型可以算出第三國企業當前從離岸市場直接借入人民幣的貸款利率為Hibor＋利潤率 = 5.83%＋1% = 6.83%，企業從離岸市場借入人民幣和借入美元的利率差為4.1%（= 6.83%－2.73%）。企業直接借入人民幣的借貸成本為6.83%，而根據式（1）借入美元的借貸成本為（2.73%＋美元升值幅度），則可以推出未來一年當美元兌人民幣升值幅度超過4.1%時，雖然離岸市場人民幣貸款利率高於美元貸款利率，但是需要使用人民幣的外國企業直接從離岸市場借入人民幣的總成本仍然小於直接借入美元。

（3）情景假設Ⅲ：債務人為需要使用美元的第三國企業。

假定第三國企業從離岸市場借入1年期人民幣貸款的利率為R^*，借入1年期美元貸款的利率為R，則根據基準利率加點定價模型可以算出第三國企業當前從離岸市場直接借入人民幣的貸款利率為6.83%，則企業從離岸市場借入美元和人民幣的利率差為－4.1%（= 2.73%－6.83%）。企業直接借入美元的借貸成本為2.73%，而借入人民幣的借貸成本為6.83%＋人民幣升值幅度，則可以推出未來一年當人民幣相對美元貶值幅度超過4.1%時，需要使用美元的外國企業直接從離岸市場借入人民幣的總成本仍然小於直接借入美元。

債務人在國際信貸中更加傾向於借入軟通貨，在美元升值預期下，人民幣兌美元匯率大概率會一直處在弱勢震盪中，通過上述情景假設分析，可以看出，只要人民幣未來一年對美元貶值幅度超過4.1%，那麼無論是中國企業還是外國企業，無論企業需要使用的貨幣是美元還是人民幣，企業直接借入人民幣的總成本都將小於借入美元。伴隨著美元匯率的高企和美元流動性的緊缺，國際市場尤其是新興市場國家借入美元的熱情會有所下降，人民幣在國際信貸市場中的吸引力會逐漸上升，美元進入加息週期將會開啟人民幣在國際信貸市場中的新紀元。

6.2.2 全球經濟對中國貿易依賴程度逐漸提高

中國是全球第一大貿易體，雖然這兩年中國的出口增速有所下降，但仍好於全球主要經濟體和新興市場國家，占全球市場份額穩中有升，產業結構逐漸升級，截至2015年年底，中國出口規模的全球市場份額是13.79%，美國是9.13%。從圖6—13也可以看出，日本、歐元區、金磚國家對中國的進出口產品依存度都在逐年增加。截至2016年年底，日本對中國的進口依存度已經達到24.6%，中國製造成為日本最大的進口產品來源，這說明日本需要大量貨幣為中國的出口企業進行支付，人民幣應是最優選擇。

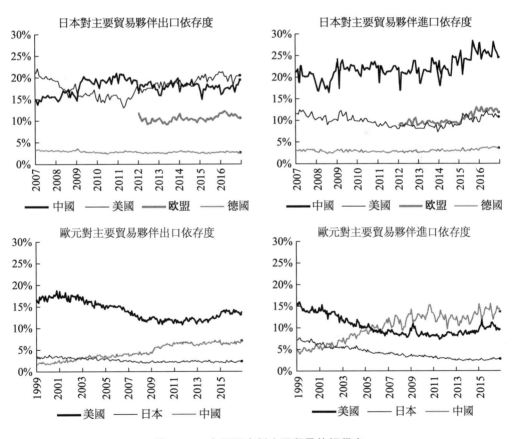

圖6—13　主要國家對中國貿易依賴程度

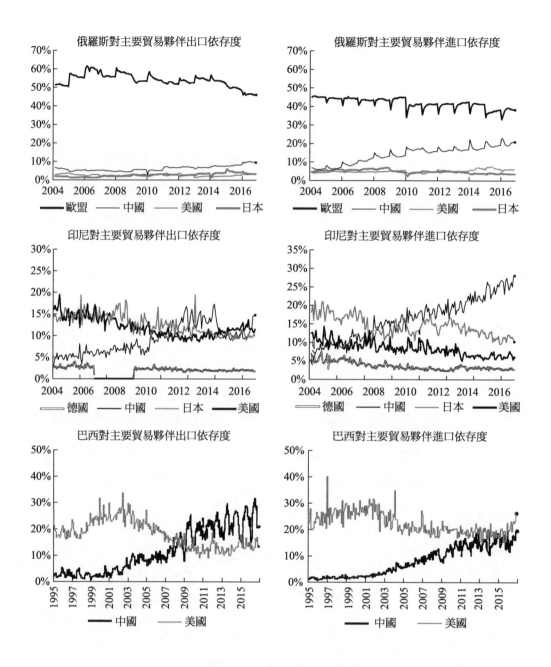

圖6—13　主要國家對中國貿易依賴程度（續）

資料來源：Wind。

此外，次貸危機後中國已經取代美國成為歐元區最大的進口夥伴國，目前歐元區對中國的進口依存度是13.7%，高於對美國的進口依存程度9.6%，中國亦是歐元區第二大出口目標國。從俄羅斯、印尼和巴西這些新興市場國家的進出口貿易資料也可以看出它們對中國的進出口依存度都在增加，外部市場對中國經濟的高度依賴為人民幣國際信貸市場的拓展提供了良好的外部環境與發展機遇。積極促進新興市場國家使用人民幣，不僅可以解決新興市場國家國際經濟活動中美元流動性不足以及美元債務成本逐漸增加的困境，也是解決當前新興市場國家貨幣錯配問題的最有效途徑。

6.2.3 人民幣國際信貸發展有助於緩解國際市場中的貨幣錯配難題

Eichengreen和Hausman（1999）[1]在其研究中提出了「原罪論」，認為發展中國家存在一種「原罪」，即經濟行為人不能用本幣向國外借貸，只能大量借入以外幣計價的貸款，形成了貨幣錯配，甚至也不能用本幣在國內進行長期的借貸，形成了期限錯配。由於「原罪」的存在，大量借入外幣的淨債務國非常懼怕本幣貶值，當本國企業外幣債務高達一定程度時，「資產負債表效應（balance sheet effect）」會變得非常顯著，本國經濟將會迅速緊縮，企業的產出和投資水準將同時下降。一些企業甚至會不堪短期債務的突然加劇而破產，更為嚴重的是隨之而產生的大量銀行不良貸款和資金鏈的斷裂。因此，「原罪」下的淨債務國在貨幣錯配的被動支配下，往往喪失本國匯率制度選擇權，只能盡力維繫著某種形式的軟釘住匯率制度。為了維持匯率的相對穩定，「原罪」問題還會造成淨債務國的貨幣政策失效，當外部需求下降，本國經濟發展疲軟時，不但不能通過寬鬆性貨幣政策來刺激產出和投資，反而還要提高資金利率來防止資金外逃和企業債務成本的迅速增加，這麼做無疑又會反過來加速本國經濟的衰退，當外匯儲備消耗到一個臨界點時，投機資金會迅速對債務國貨幣進行攻擊，從而引發貨幣金融危機，債務國貨幣大幅貶值。可見，「原

1　Eichengreen, B. and Hausmann, R., Exchange Rate and Financial Fragility, NBER Working Paper No.7418, November 1999.

罪」會將淨債務國推向一個無法回頭、無法選擇的不歸路。Mishkin（1996）[1]提出引發20世紀八九十年代發生的拉美地區債務危機和東亞金融危機的一個主要原因就是新興市場國家企業和銀行「過度」的外債持有。發生危機的國家普遍存在著兩個非常重要的特徵：一是危機前匯率缺乏彈性，實行著各種形式的釘住匯率制度；二是外幣債務規模巨大，存在著嚴重的貨幣錯配。貨幣錯配不僅是引發發展中國家貨幣金融危機的重要因素，也使得解決危機的成本變得非常昂貴。

金融仲介的貨幣錯配問題相比較一般企業更複雜，金融仲介的貨幣錯配存在兩種類型：直接貨幣錯配和間接貨幣錯配，這兩類貨幣錯配都暴露於匯率水準變動的風險中。直接貨幣錯配存在於銀行自身的資產負債表中，銀行資金來源的計價貨幣與銀行資金運用的計價貨幣不匹配；而間接貨幣錯配表現在銀行客戶的資產負債表中，其自身的資產和負債計價貨幣不匹配。如果銀行客戶的貨幣錯配導致客戶資產大量損失或者資不抵債而破產，則會使銀行的資產品質降低，從而給銀行造成比較大的損失，引發銀行危機。Goldstein（2003）[2]通過分析發展中國家在20世紀90年代金融危機中的銀行資產負債敞口，認為「幾乎所有的金融危機都和銀行的貨幣錯配問題相伴而生」，銀行貨幣錯配是金融危機爆發的「罪魁禍首」，銀行貨幣錯配不僅會增大爆發金融危機的可能性，還會提高化解金融危機的成本。McKinnon（2005）[3]認為，由於金融自由化和監管缺失，新興國家資產負債表上的期限錯配和貨幣錯配相結合會導致短期外幣債務和投資的內生積累。當發生實際的不利衝擊時，同樣的積累過程會反向進行，導致貨幣貶值，並引發貨幣危機或國際收支危機。此外，貨幣錯配會與期限錯配相互作用，並加劇期限錯配，使金融脆弱性變得更為嚴重。

1　Mishkin, F., Understand Financial Crises : a Developing Country Perspective, NBER Working Paper No. 5600, May 1996.

2　Goldstein, M., Debt Sustainability, Brazil and the IMF, Working Paper Series WP03-1, Peterson Institute for International Economics, 2003.

3　McKinnon, Ronald I, *Exchange Rates under the East Asian Dollar Standard : Living with Conflicted Virtue,* Cambridge, Mass : MIT Press, 2005.

如何解決貨幣錯配問題成為當下的研究重點，學者主要從國內和國際兩個方面提出了解決方案，Eichengreen等（2003）[1]，Dodd和Spiegel（2005）[2]認為，最有效的方法是通過國際社會的努力，允許發展中國家在國際金融市場上發行以新興市場國家貨幣綜合指數（EM Index）計值的債券，而Lindner（2006）[3]通過構建一個黏性價格下的三期反覆運算貨幣危機模型，對此種觀點進行了肯定。本章在前述學者研究的基礎上提出，積極促進新興市場國家使用人民幣，借入人民幣，尤其是在美元進入強勢升值通道後，是解決當前新興市場國家貨幣錯配問題的最有效途徑。

　　發展中國家和新興經濟體出現貨幣錯配的根源在於本國貨幣缺乏國際地位，國際市場接受程度低，在這樣的背景下，新興市場國家之間的貨幣合作就顯得尤為重要。新興經濟體之間的貨幣金融合作可以進一步拓寬新興經濟體的投融資路徑和貨幣選擇，各國之間也應當加強相互間在海外兼收併購、市場拓展、技術升級、能源收購等重點專案方面的合作，加強彼此之間的相互投資，改變儲備資產單一流向發達經濟體的現狀。在新興經濟體和發展中國家的經濟合作中，中國作為新興經濟體經濟發展的主要帶動者，人民幣理應替代美元成為新興經濟體間貨幣金融合作中的核心貨幣。蒙代爾在最優貨幣區理論中指出，匯率合作是貨幣合作的一個非常重要的表現形式，在一定的經濟區域內，幾種貨幣在區域內部維持匯率穩定，對外統一浮動在很大程度上會大大加強區域內各國抵禦外部經濟衝擊的能力。在美元走強期間，推動新興經濟體與中國進行貨幣合作，一方面可以有效緩解大規模使用強勢美元所帶來的貨幣錯配風險，另一方面也可以降低新興經濟體的借貸成本；最為重要的一點是新興經濟

1　Eichengreen, Hausmann and Panizza. *The Mystery of Original Sin*, University of California, Berkeley, Harvard University and Inter-American Development Bank, 2003.

2　Dobb, R.and Spiegel, S., Up from Sin : A Portfolio Approach to Salvation, G-14 Discussion Paper Series, Research Papers for the Intergovernmental Group of Twenty-Four on International Monetary Affairs. A Study for presentation to the XVIII G24 Technical Group Meeting March 8-9, 2004 Palais des Nations, Geneva, 2005.

3　Lindner A., Original Sin : Analyzing Its Mechanics and a Proposed Remedy in a Simple Macroeconomic model, *Halle Institute for Economic Research*, 2006(2).

體國家對中國的經濟依賴程度逐漸增加，新興經濟體大量使用人民幣進行計價結算將有效降低新興經濟體的匯率風險，維持經濟的平穩發展。

6.3　人民幣國際信貸推動人民幣國際化的路徑選擇

國際信貸市場的發展和貨幣國際化之間是螺旋式上漲、相互促進、共同成長的關係。國際信貸市場的發展主要依託於貿易和投資兩方面的需求，由此可以推出國際信貸推動貨幣國際化發展也主要有兩條路徑選擇：貿易路徑和金融市場路徑。縱觀主要國際貨幣的發展歷史，德國馬克的國際化進程主要是從貿易路徑著眼，通過強大的工業競爭力推動馬克的國際使用，從而促進馬克國際化程度的提升，而美元國際化則主要是通過金融市場路徑完成的，由布列敦森林體系所奠定的美元的國際核心儲備貨幣地位是不可動搖的，美元作為全球金融市場最主要的流動性載體，其國際化路徑註定主要依賴金融市場來完成。

6.3.1　貿易路徑

滿足國際貿易中的融資需求是國際信貸市場最早產生的動因，哪種貨幣在國際貿易結算中佔據主導地位，哪種貨幣就會成為國際信貸市場中的核心貨幣。20世紀80年代德國出口產品的國際競爭力快速提升，產品差異化程度逐漸提高，這直接助推德國馬克迅速成為主要國際計價和結算貨幣。直到目前，德國的出口商品都具有很強的競爭能力，產品差異化程度仍然保持在一個很高的水準，這保證了德國的出口企業在國際貿易市場中擁有很強的議價能力和貨幣選擇權。1985年，美國對德國的進口貿易中以馬克進行結算的比重達到57.1%，美元結算只有42.7%，同期美國對日本的進口貿易中則主要是以美元進行計價計算的，美元結算比重高達78.8%，日圓結算僅有21.2%。[1] 從這些資料都

1　Tavlas, G.S., The International Use of the Dollar:An Optimum Currency Area Perspective, *The World Economy*, 1997(20) : 709-746.

可以看出德國強大的工業競爭力推動馬克成為德國進出口貿易中絕對主導的支付清算貨幣。

　　與美國依靠向全球輸出大量金融產品來確保國際市場對美元長期穩定的巨額需求不同，德國在第二次世界大戰結束後，通過佔領國際貿易鏈中的產業前端確保本國出口產品的主導地位，從而創造了全球市場對德國馬克的穩定需求。正是基於這一點，如圖6—14所示，從20世紀80年代中期開始，德國馬克在國際信貸市場中的佔有份額逐漸上升，至歐元產生之前，德國馬克在全球信貸市場中所占份額已經超過25%，成為僅次於美元的國際貨幣。反觀日圓，日本和德國都是從廢墟上重建的國家，貨幣國際化的初始條件和背景都類似，而日圓在國際信貸市場中的表現卻和德國馬克大相徑庭，從1985年開始，在經歷了十年的快速發展之後，日圓在國際信貸市場中的占比從1995年6月的接近20%迅速下滑至個位數，這其中的一個重要原因就是日本選錯了道路。在國際市場中，誰掌控了從上游資源開發到中間品分包再到最終產品銷售的產業鏈，誰就擁有了資源配置和利潤分配的權利，當然也擁有了在這個產業鏈中選擇結算貨幣的主動權，在德國默默為了獲取這條產業鏈而不斷進行產業創新時，日本卻選擇大規模「走出去」，將巨額資金投入到金融資產和房地產交易之中，這麼做的結果就是日本銀行業擁有了短暫的虛假繁榮，而日本企業在全球產業鏈中的地位卻沒有得到提升，所以從日美貿易就可以看出，控制著產業鏈的一直是美國企業而非日本企業，日本企業在國際貿易中的議價能力可想而知，議價能力的不足註定了日圓在國際信貸市場中的繁榮只能是曇花一現。

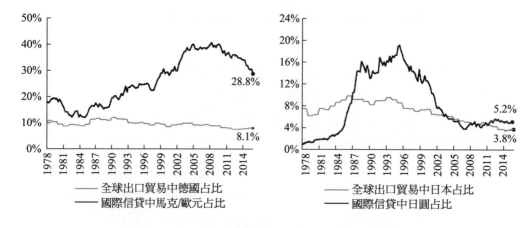

圖6—14　全球出口貿易結構與國際信貸貨幣結構對比

資料來源：BIS。

　　1980年德國出口和進口中以馬克進行結算的比重分別達到82.3%和42.8%，
1995年該資料分別為74.7%和51.5%，但從圖6—15可以看出，2016年年底在中
國的跨境貿易中，人民幣結算量占進出口貿易總額的比重不到15%，2015年3月
最高時達到37%，這說明在中國的進出口貿易中中國出口企業仍然沒有在產業
鏈中佔據主導地位，中國產品差異程度仍然過低，產品差異程度低會導致出口
價格彈性過大，從而降低了企業的議價能力。中國目前出現了一個類似於日本
20世紀80年代的現象，就是大量資金湧入了國際金融市場和房地產市場，而用
於提升企業在國際貿易產業鏈中競爭能力的資金和投入都略顯不足，這是我們
亟待解決的問題。

　　從國際支付貨幣結構與國際信貸貨幣結構對比圖（見圖6—16）中可以看
出，美元、歐元、英鎊和日圓在國際支付中的占比都和其國際信貸市場的發展
呈現出顯著的同向變化。交易媒介職能是國際貨幣應當具備的第一大職能，該
職能最具體的體現就是在國際支付結算中所占的份額，國際信貸市場的發展可
以有效推動該職能的發展，從而促進貨幣國際化程度的提升。人民幣國際化指
數和人民幣國際支付之間是高度相關的（見圖6—17），從主要國際貨幣的國
際化發展歷程可以推出，以貿易融資為載體可以推動人民幣國際信貸和國際支

付職能的發展，可以提升人民幣的國際化使用程度和廣度，選擇貿易路徑發展人民幣國際信貸市場是我們的最優選擇。

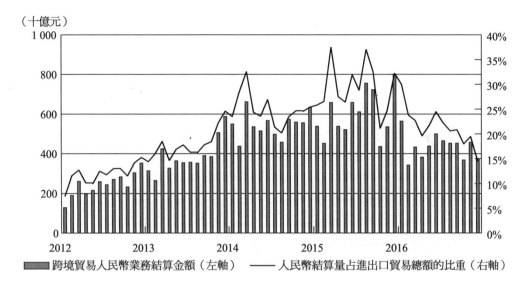

圖6—15　跨境貿易人民幣結算

資料來源：Wind。

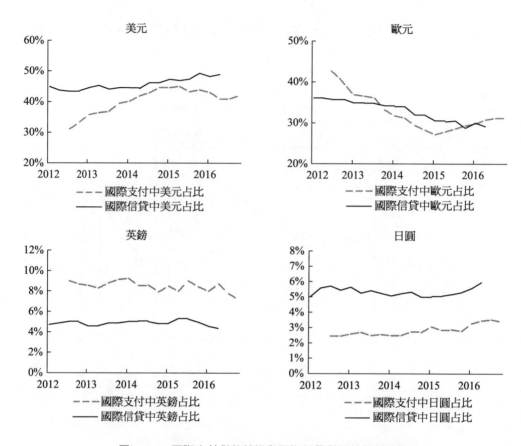

圖6—16 國際支付貨幣結構與國際信貸貨幣結構對比圖

資料來源：Wind，BIS，SWIFT。

圖6—17　人民幣國際支付與人民幣國際化指數

資料來源：Wind，SWIFT。

6.3.2　金融市場路徑

　　從國際政治經濟學的視角來看，貨幣霸權是金融霸權的最高級表現形式，而金融霸權又是貨幣霸權實現進程中所必不可少的堅實後盾。只有在強大的貿易和金融市場中，才能樹立起強大的貨幣；也只有在強大的貿易市場實現了向金融市場升級和轉換的背景下，才能最終建立起強大的國際貨幣。

　　近年來很多國內外經濟學家都對金融市場發展與貨幣國際化之間的關係進

行了研究，如Williams（1968）[1]、Bergsten（1975）[2]、Kenen（1988）[3]、Tavlas（1997）[4]、Eichengreen（1998）[5]、Greenspan（2001）[6]、Mundell（2003）[7]、Chinn和Frankel（2005）[8]、Papaioannou和Portes（2008）[9]、Flandreau和Jobst（2009）[10]、Chitu等（2012）[11]、Ehlers和Packer（2013）[12]等。Williams（1968）提出國際貨幣的流動性對發行國實體經濟的依賴程度較低，卻對該國的金融市場和金融體制的發展高度依賴，第一次世界大戰之前英鎊佔據國際市場中的核心地位正是得益於倫敦高度發達且緊密集中的國際銀行體系。與Williams（1968）觀點類似的還有Kenen（1988）以及Flandreau和Jobst（2009），Kenen（1988）認為一國（或地區）的貨幣要國際化，必須要有充足的貨幣供給，而且資本的自由流動是構建貨幣國際化深度和廣度的必要條件，所以一國（或地區）金融市場的自由化程度以及成熟程度是決定該國（或地區）貨幣能否國際

1　Williams, D., Essays in Money and Banking in Honor of R. S. Sayers, in Whittlesey, C.R.and J. S. J. Wilson (Ed.), *The Evolution of the Sterling System*, Oxford : Clarendon Press, 1968.

2　Bergsten, C. Fred, *The Dilemma of the Dollar : the Economics and Politics of United States International Monetary Policy*, New York : New York University Press, 1975.

3　Kenen, P. B., International Money and Macroeconomics, In K. A. Elliott and J. Williamson, (ed.), *World Economic Problems*, Institute for International Economics, Washington, 1988.

4　Tavlas, G. S., The International Use of the US Dollar:An Optimum Currency Area Perspective, *The World Economy*, 6, 1997, 709-747.

5　Eichengreen, B., The Euro as a Reserve Currency, *Journal of the Japanese and International Economics*, 12, 1998, 483-506.

6　Greenspan, A., The Euro as an International Currency, Paper Presented at the Euro 50 Group Roundtable, Washington, D. C., November, 2001.

7　Mundell, R.A., The International Financial System and Outlook for Asian Currency Collaboration, *The Journal of Finance*, 58, 2003, 3-7.

8　Chinn, M. and J. Frankel, Will the Euro Eventually Surpass the Dollar as Leading International Reserve Currency ?, NBER Working Paper, No.11510, July, 2005.

9　Papaioannou, E.and R. Portes, Costs and Benefits of Running an International Currency, *European Commission Economic Papers*, No.348, November, 2008.

10 Flandreau, M. and C. Jobst, The Empirics of International Currencies : Network Externalities, History and Persistence, *The Economic Journal*, 119, 2009, 643-664.

11　Chitu, L. B. Eichengreen and A J. Mehl, When Did the Dollar Overtake Sterling as the Leading International Currency? Evidence from the Bond Markets, NBER Working Paper, No. 18097, May, 2012.

12　Ehlers, T. and F. Packer, FX and Derivatives Markets in Emerging Economies and the Internationalisation of Their Currency, *BIS Quarterly Review*, December, 2013, 55-67.

化的關鍵因素；Flandreau和Jobst（2009）則通過對Krugman（1980）[1]構建的匯率結構模型的擴展推導出流動性是決定一國（或地區）貨幣能否成為國際貨幣的首要條件。國內學者邱崇明和劉郁蔥（2010）[2]則提出了不同的看法，他們認為一國實體經濟的產業競爭力才是支撐國際貨幣長久發展的決定性因素，金融市場的競爭力只是在短期內起到顯著作用。此外，Chitu等（2012）構建了Tobit模型對33個國家1914—1946年國外公共債務貨幣構成的資料進行了實證分析，得出結論認為美國金融市場的深化發展是美元在債券市場所占份額超越英鎊的最主要原因。

在國際信貸市場中，銀行間同業拆借是主要國家對外債權的重要組成部分，金融機構之間的相互借貸是推動國際信貸市場發展的主要力量。圖6—18顯示，非銀行私人部門是國際信貸資金的主要使用者，其次就是銀行（日本除外），在20世紀80年代德國馬克國際化程度快速發展時期，德國對外債權主要以銀行拆借為主，最高點時銀行拆借占德國對外債權的比重超過73%，中國應當借鑒德國的經驗，以銀行間拆借市場為突破口，大力推進銀行間人民幣國際信貸市場的發展。

1　Krugman, P., Vehicle Currencies and the Structure of International Exchange, *Journal of Money*, Credit and Banking, 12, 1980, 513-526.
2　邱崇明，劉郁蔥。產業競爭力對貨幣國際化的決定性作用研究.福建論壇(社會科學版)，2010(6)：9-14。

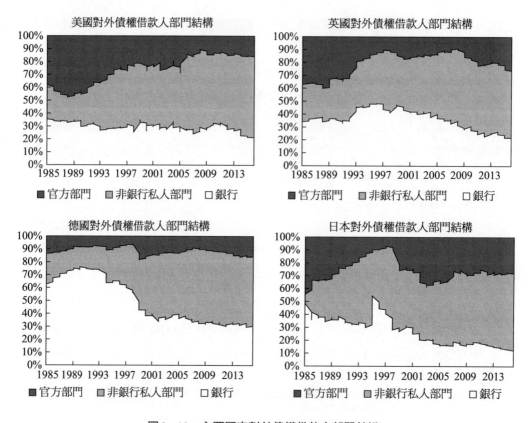

圖6—18　主要國家對外債權借款人部門結構

資料來源：BIS。

　　隨著世界經濟全球化進程的不斷深化和國際金融市場的不斷創新和發展，貨幣在國際金融市場中所發揮的各項職能也更加突出，金融市場的發展對一國或地區貨幣國際化的影響日趨顯著，一國或地區國內外金融市場的發展程度和水準成為推動其貨幣國際化進程的一個十分關鍵的因素。美國發達的金融市場為美元長期保持國際貨幣核心地位提供了強有力的支持和保障，全球範圍內各國的公共部門和私人部門對美國金融產品的巨大需求是美元能長期穩定保持其國際貨幣霸主地位的微觀基礎。對美國金融產品的需求激發了美元國際信貸市場的發展，從圖6—19中可以看出，全球外匯儲備中美元占比和國際信貸中美

元占比基本保持一致，國際信貸市場中美元占比的上升會帶動美元儲備貨幣份額增加，而歐元、日圓和英鎊也顯示出了同樣的趨勢，國際信貸市場貨幣結構的變化更多的是反映出了微觀經濟體的需求變化，外匯儲備更多的是表現出了官方宏觀層面的戰略佈局，而微觀層面的貨幣需求是官方儲備貨幣佈局最主要的考量因素，正是因為微觀企業在經常帳戶和金融帳戶項下出現的國際收支不平衡現象才促使貨幣當局不得不通過外匯儲備的變化進行調節，反映微觀經濟體貨幣需求的國際信貸市場對國際貨幣儲備職能的影響不言而喻。

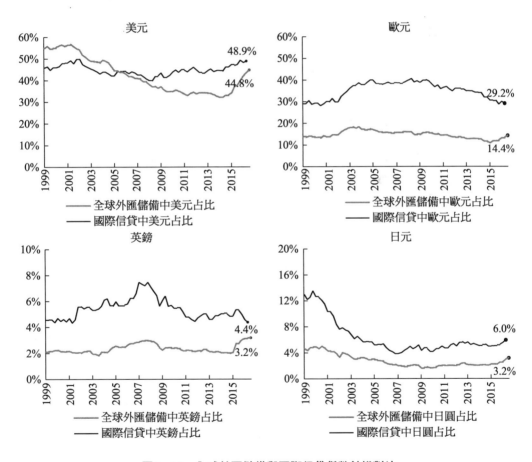

圖6—19　全球外匯儲備與國際信貸貨幣結構對比

資料來源：Wind，BIS。

6.4 人民幣國際信貸市場發展的政策性建議

人民幣加入SDR是人民幣國際化過程中一個非常重要的制度性紅利，表明國際社會接納了中國的貨幣、市場和制度，未來我們應該抓住這個制度性機遇，進一步強化人民幣的金融交易功能，增加國際社會配置人民幣資產的便利性。人民幣境外信貸市場是人民幣成為國際金融市場交易貨幣的基礎，該市場的發展有助於擴大人民幣的國際使用範圍，提升非居民持有人民幣的信心，增加境外企業之間及境外企業與境內企業之間進行貿易時使用人民幣結算的頻率，為實現人民幣國際化創造良好的條件。通過對國際信貸市場發展規律的經驗總結，為了使人民幣國際信貸市場得到快速發展，使得人民幣穩步成為國際核心貨幣並長期保持國際地位的穩定，本章建議可以從以下幾個方面進行戰略推進：

6.4.1 充分利用貿易信貸和對外直接投資形成人民幣境內外循環機制

應大力拓展與中國有緊密貿易往來國家人民幣信貸市場的發展，美元信貸過於集中在國際金融中心給人民幣國際信貸的發展帶來了機遇。法蘭克福是歐元區首個人民幣離岸市場，中國對德國貿易一直處在貿易逆差的狀態，即我們需要具備長期穩定的對德淨支付，當歐元和美元流動性不足，無法保障支付時，人民幣應當成為次優選擇。綜合美國和德國對外債權擴展路徑的經驗分析可以看出，通過貿易信貸鼓勵外國出口商接受中國進口商使用人民幣進行支付是目前最有效的擴展途徑。

外國出口商在接受人民幣之後，可進一步用於從中國進口原材料、機器設備等投資品用以本國經濟的建設，一旦專案落地或中國承包商承接了類似的建設專案，則可以預見設備和工人都可以來自中國，在整個建設過程中，完全可以使用人民幣進行採購和支付，最後也會有部分利潤回流國內市場，這樣就可以形成進口—出口—投資—利潤回流的人民幣境內外循環機制，將增強外國進口商接受人民幣進行支付的驅動力。這樣的回流機制一方面可以大大促進人民

幣進口信貸的拓展，一方面也可以在促進人民幣對外直接投資的同時提升中國在全球市場的經濟影響力和掌控力。

6.4.2 引導資金「由虛向實」，提升企業國際競爭能力

貿易路徑應該成為人民幣信貸拓展的主要策略選擇。而要通過貿易路徑推動人民幣國際信貸市場的發展，企業在國際貿易中的議價能力顯得至關重要。在國際貿易交易中，產品競爭能力越強、出口產品差異化程度越高，企業就越能佔據國際貿易產業鏈的前端，企業的議價能力就越強。20世紀80年代德國出口產品的國際競爭力快速提升、產品差異化程度也逐漸提高，這直接助推德國馬克迅速成為主要國際計價和結算貨幣。直到目前，德國的出口商品都具有很強的競爭能力，產品差異化程度仍然保持在一個很高的水準，這保證了德國的出口企業在國際貿易市場中一直保持在產業鏈前端，擁有很強的議價能力和貨幣選擇權。相比較日本，Fukuda和Ono（2006）[1]提出日本出口商品國際競爭力的下降直接導致了日圓國際化進程出現倒退。中國應當吸取日圓的經驗，在充分發揮貿易對經濟增長帶動作用的同時，更要將經濟增長的注意力放在提升本國企業在全球產業鏈中的位置，增強中國企業對全球生產要素交易網路的掌控力，不應當無節制地讓資金和資源大量流向金融資產和房地產的交易之中

6.4.3 鼓勵企業和金融機構更多走向「一帶一路」沿線國家和新興 經濟體

「一帶一路」沿線國家當前是經濟發展的高速擴張期，經濟發展需要資金，尤其需要長期資本的支援，但目前這些地區的資金流入顯然是不足的，無論是國家開發銀行，還是亞洲基礎設施投資銀行，都應將重點放在沿線國家人民幣使用的擴展上，大規模使用人民幣來彌補美元流動性的不足，在滿足沿線國家經濟發展的同時提升人民幣國際化程度。

---

1 Fukuda, S. and M., Ono, On the Determinants of Exporters' Currency Pricing : History vs. Expectations, NBER Working Paper, No. 12432, August, 2006.

銀行在海外拓展的過程中，區域上應當側重同「一帶一路」沿線國家和新興經濟體的業務聯繫。金融危機之後，發達國家在金融監管方面的力度大幅提高，增加了進入銀行業市場的難度。在金融監管方面，相對於歐美，亞太地區的監管環境對金融機構國際化造成的壓力目前還是相對小一些。另外，發達國家金融市場的機構變化，銀行業務向傳統銀行業務的傾斜使得中國跨國銀行業務拓展面臨的競爭壓力變大。更重要的是，與發達國家金融機構的運營效率相比，中國銀行業的水準是差距較大的。利用貿易聯繫上的優勢，率先進入與中國經貿聯繫緊密的地區可以在一定程度上彌補中國銀行業目前在運營效率上的比較劣勢。儘管與亞太其他地區的銀行和其他新興市場國家銀行相比，中國銀行業的平均效率水準尚不具備明顯的比較優勢，但差距相對較小。如果保持近年來效率不斷提高的勢頭，中國銀行業在亞太和新興市場地區就有望逐步建立起比較優勢。

　　此外，從國家層面應當積極加強與新興經濟體之間的貨幣金融合作，加強相互間在海外兼收併購、市場拓展、技術升級、能源收購等重點專案方面的合作和彼此之間的相互投資，可有效改變儲備資產單一流向發達經濟體的現狀，緩解「一帶一路」沿線國家和新興經濟體的貨幣錯配風險。

　　大量研究表明，在銀行「走出去」的過程中，採用追隨客戶戰略是銀行跨國業務拓展的主要方式之一。對日本的研究發現日本的金融和非金融企業的對外直接投資是相互促進的。本國與東道國的國際貿易也是德國銀行對外直接投資的主要動力。類似荷蘭的經驗也顯示跨國銀行在海外的分支機構提供的服務在促進本國非金融企業對外直接投資方面的作用是母國的跨國貸款或者第三國或東道國銀行的貸款所無法完全替代的。這主要是因為母國銀行海外分支機構所提供的配套資訊服務的特殊價值是其他融資管道難以提供的。在新的國際貿易格局中，跨國公司是影響貿易結構和國際信貸結構的核心力量。與外國銀行相比，在為本土對外直接投資企業提供金融信貸服務方面，中國的銀行有國內客戶關係和配套服務上的天然優勢。在地區分佈上，中國對外直接投資已經遍及世界七成國家和地區。亞洲和拉丁美洲國家一直是中國對外投資的重點，中

國在這兩個地區的直接投資占總額的80%以上。與亞洲和拉丁美洲的這種日趨緊密的經貿關係為中國銀行業利用經貿網路在這些地區拓展海外業務創造了條件。在行業結構上，中國對外直接投資的行業分佈趨向於多元化。中國企業在商務服務業、採礦業、批發和零售業、製造業、交通運輸業都有投資。追隨客戶戰略和客戶廣泛的行業分佈有利於增加本國銀行對東道國的系統性了解。在複雜分工結構下，行業之間存在廣泛的聯繫。跨行業的知識和資訊管道可以為銀行開展業務創造優勢

6.4.4　大力推動人民幣海外離岸市場的發展

　　國際貨幣通常也是非國際貨幣發行國之間開展經濟往來活動時使用的貨幣，這一現象被稱為國際貨幣的協力廠商使用。由於協力廠商使用與貨幣發行國國內實體經濟無關，考慮到交易的便利性和安全性，無需在貨幣發行國國內金融市場實現，大多通過離岸市場交易來完成。在離岸市場上協力廠商使用程度越高，貨幣的國際地位越強。例如，美國對外貿易占全球貿易的10%左右，美國居民參與的投資活動約占全球投資的20%～50%，但是美元在全球外匯交易中的比例高達42%，美元被廣泛用於協力廠商交易，在國際貨幣體系中高居榜首。無論是外匯市場還是人民幣國際信貸市場，其載體都是離岸市場，要推動人民幣國際信貸市場的發展，就必須高度重視全球各地人民幣離岸中心的建設和發展，形成海外資金池，完善人民幣離岸市場定價機制，才能增加人民幣信貸對全球投資者的吸引力。

　　離岸金融市場具有國內市場不可比擬的強大的資金供給能力和較高的市場開放度。富有競爭力的利率結構和自由度，使得各國政府、跨國公司、金融機構樂於將資金投入離岸金融市場，增強了該市場的派生存款能力，形成不依賴於貨幣發行國境內貨幣供給的貨幣自我循環系統。由於離岸市場沒有存款準備金要求，從理論上講，該市場具有無限的派生存款能力。在沒有出現金融危機的正常情況下，離岸市場的流動性是充裕的，能夠滿足各類市場主體的資金需求。國際貨幣發展的歷史經驗顯示，世界主要國際貨幣在國際化進程中都離不

開境外離岸市場的發展。據國際清算銀行統計，在2016年，美元和歐元有超過80%的外匯交易量發生在境外離岸市場，而日圓有超過70%的外匯交易量也是在日本境外的離岸市場中發生的。由此可見，人民幣離岸中心對人民幣國際化的支持是不可或缺的。人民幣離岸金融中心是人民幣走向世界的視窗，不僅為人民幣提供了海外資金池，在遇到國際市場衝擊時，為人民幣國際化戰略提供了一個天然屏障和緩衝平臺；同時，人民幣離岸市場的發展還是人民幣國際信貸市場海外拓展順利進行的重要保障，也是提升國際社會配置人民幣資產便利性的重要前提。在離岸市場人民幣國際信貸業務的發展中，銀行應當成為中流砥柱，在20世紀80年代德國馬克國際化程度快速發展時期，德國對外債權主要以銀行拆借為主，最高點時銀行拆借占德國對外債權的比重超過73%，中國應當借鑒德國的經驗，以離岸市場中的銀行間拆借為突破口，大力推進銀行間人民幣國際信貸市場的發展。

第七章

人民幣外匯市場創新：多層次、多元化

　　2016年10月，人民幣正式加入SDR，標誌著人民幣國際化進程取得了重大突破。儘管人民幣匯率波動加大，但人民幣加入SDR後的制度性紅利正在逐漸釋放，人民幣跨境使用的內部及外部運行環境加快調整，境外投資者強烈要求降低持有人民幣的操作難度，獲得更多的管道增持人民幣資產。客觀上講，人民幣正式加入SDR已經成為加快國內金融市場開放的外部動力。提升人民幣作為儲備貨幣的地位，必須要提供更多人民幣投資工具。為此，需要在保證經濟安全的前提下，穩步推進金融市場開放，並不斷完善金融市場運行機制，提升人民幣市場的深度和廣度，滿足全球各類投資者增持人民幣資產的長遠需求。因此，需要進一步加快人民幣外匯市場的創新，完善人民幣匯率形成機制及價格發現、保值避險等功能，滿足國際投資者資產配置需求，鞏固人民幣在全球貨幣體系中的地位。

7.1　人民幣外匯交易市場現狀

　　人民幣外匯市場是全球人民幣體系中的重要組成部分，是人民幣國際化的

重要推手，發揮了重要功能，構建多層次、多元化的人民幣外匯市場，對於促進人民幣國際化有重要意義，是人民幣在國際上行使支付手段、價值尺度以及國際儲備職能的重要保障。

7.1.1　人民幣外匯市場的功能

匯率從本質上是國與國之間綜合產品競爭力的對比，外匯市場便是不同國家之間貨幣兌換的場所，有效的外匯市場可以充分反映市場的供求關係以及市場參與者對未來的預期，以價格調節市場參與者行為，直至市場供求達到出清狀態。多層次的人民幣外匯市場涵蓋多層次的人民幣外匯產品體系，除了提供價格發現功能之外，可以給市場參與者提供便捷有效的貨幣兌換管道，也可以為市場參與者提供多樣化的保值避險手段。

1.人民幣外匯市場的價格發現功能

價格發現是市場化定價機制最重要的功能，人民幣外匯市場的價格發現功能可以為使用人民幣進行經濟活動的市場參與者提供有效的價格資訊，進而影響市場參與者的經濟決策過程，直至市場價格達到出清狀態。從經濟學理論上看，影響匯率的因素可以從短期、中期、長期不同的時間維度進行研究。

短期看，匯率的主要決定因素是利率平價，即兩國不同的利率水準變化會引發資本的跨境流動，從利率較低的國家流入利率較高的國家。在實踐中也可以印證，如2016年下半年市場對美聯儲加息預期漸強，每次公佈可能會影響到美聯儲加息概率的經濟資料時，都會伴隨外匯市場的大幅波動，若資料支援美聯儲加息，則美元指數上漲，反之則美元指數下跌，因此圍繞著美聯儲是否加息的決策過程，2016年的外匯市場呈現出典型的事件驅動型交易特徵。

中期看，匯率的強弱主要取決於一國經常帳戶的情況。國際上通行的判斷匯率是否處於均衡區間的標準之一，便是一國經常帳戶順差或逆差規模占GDP的比例，若該比例處於正負4%之內，則可以認為該國的匯率是大體均衡的。中國的經常帳戶順差占GDP的比例從2007年的10.1%下降至2016年的1.9%，從這一標準來看，人民幣當前的匯率水準基本上處於合理區間範圍。

長期內，影響匯率的主要因素是各個國家相對勞動生產率的情況。勞動生產率較高的國家由於其綜合產品成本較低，在國際上獲得競爭優勢，促進自身產品的出口，進而對本國匯率構成支撐。因此長期來看，一國匯率維持強勢的基礎是不斷提升本國的勞動生產率水準，具體手段可以通過提升人口素質、增加資本投入、完善基礎設施等方式來實現。

2.人民幣外匯市場的兌換和交易功能

　　多層次的外匯市場對促進對外貿易和國際資本流動有重要作用，多層次的人民幣外匯市場可以便捷高效地滿足市場參與者對人民幣和外幣的貨幣兌換和交易需求，主要體現在幾個方面：

　　第一，多層次的外匯市場可以有效滿足進出口企業的匯兌需求。參與對外貿易的企業，其進口支付的外幣或者出口收入的外幣都要通過外匯市場與本國貨幣進行兌換，外匯市場的基本功能便是滿足進出口企業的貨幣兌換需求，多層次的外匯市場可以有效降低企業在匯兌過程中的成本，提高企業貨幣兌換效率，尤其對於較為依賴對外貿易的國家，構建多層次的外匯市場可以有效提升本國企業的對外貿易活躍程度。

　　第二，多層次的外匯市場為國際資本流動提供便捷高效的匯兌管道。目前進行對外投資仍需要兌換為外幣進行，投資期滿後再通過外匯市場兌換為本國貨幣，完成投資週期。一國是否具有便捷高效的外匯市場，便成為投資者進行投資決策前需要考慮的重要因素，相對自由開放的外匯市場可以給國際投資者提供穩定的退出預期，在收益率相近的情況下增強對國際資本的吸引力。

　　第三，發達的外匯市場本身就是吸引國際資本的重要平臺。國際資本的一部分投資標的本身就是外匯市場，市場參與者種類多樣、市場產品體系健全、市場流動性水準較高的外匯市場對於吸引國際資本參與到本國外匯市場有重要的作用，而且具有較強的外溢效應，可以有效提升本國金融市場的整體發展水準。雖然從國際經驗上看，進入外匯市場的資金主要以短期交易為主，頻繁的流入流出可能會對本國的金融市場造成衝擊，但是通過提高監控手段、加強資本流動預測等手段可以有效抵消其負面影響，進而發揮其積極效果。

3.人民幣外匯市場的保值避險功能

中國作為進出口貿易大國，對外貿易行業對國內經濟的拉動起到了至關重要的作用，也容納了大量的就業人口。發展多層次、多樣化的外匯市場，可以為進出口企業及國際資本提供多樣化的保值產品，同時在合適的市場環境下可以有效降低企業的財務成本。

第一，多層次的外匯市場可以為國際投資者提供有效的保值避險手段。多層次、多元化的外匯市場可以為投資者提供多樣化的匯率保值產品，市場上主流的遠期、掉期、期權、交叉貨幣掉期等衍生產品可以有效滿足投資者對於不同匯率風險的對沖需求。一方面可以使投資者在進行投資決策前便可以對投資預期進行相對準確的評估；另一方面也可以使投資者將投資收益及時鎖定，降低整個投資過程中的波動性風險，提升投資回報表現。

第二，多層次的外匯市場可以為進出口企業提供多樣化的匯率保值工具。在實踐當中，絕大多數進出口企業的收付款週期都是在達成貿易合同的三個月之後，部分對外工程項目的回款期可能會更久，如何規避從簽訂合同到收到款項這一時間段內的匯率波動風險，穩定企業的財務預算，便成為涉外業務企業財務管理的重要內容。在2005—2013年人民幣的升值週期中，多數出口企業通過遠期結匯的操作，取得了有效的匯率對沖效果。多層次的外匯市場可以為企業提供多種匯率保值產品，降低企業的匯率和利率風險，使企業更加專注於自身主營業務，促進整個進出口行業的健康發展。

第三，多層次的外匯市場可以降低企業財務成本。在當前國際經濟形勢較為低迷的階段，進出口企業面臨著更加激烈的市場競爭，自身利潤率水準也處在低位，利用外匯市場進行合適的操作，在一定的市場條件下可以有效降低企業財務成本，為企業度過經濟低迷期提供支持。尤其是在中國外匯市場當前向市場化過渡的時期內，在岸和離岸兩個人民幣匯率、利率市場共同發展，企業利用兩個市場、兩種資源進行匯率、利率保值交易，在資金成本相對較低的市場借入資金，或者通過交叉貨幣掉期交易方式，將自身融資成本相對較低的幣種轉化為實際需要的幣種，可以有效降低企業的融資成本，達到金融服務實體

經濟的目的。

7.1.2 人民幣國際化需要外匯市場提供功能支撐

國際貨幣是指在金融資產、商品和服務貿易的國際交易中用作價值尺度和支付手段，而且被私人經濟部門和貨幣當局持有作為國際流動性資產和儲備資產的貨幣。人民幣國際化即隨著中國對外貿易的發展和國際交往範圍的擴大，人民幣在世界範圍內發揮價值尺度、支付手段以及貯藏手段職能的過程，而多層次的人民幣外匯市場是人民幣發揮國際貨幣職能的重要平臺。

1.為人民幣發揮國際結算職能提供支撐

多層次的人民幣外匯市場可以為人民幣發揮貿易結算功能提供基礎條件。2003年3月，《國家外匯管理局關於境內機構對外貿易中以人民幣作為計價貨幣有關問題的通知》規定「境內機構簽訂進出口合同時，可以採用人民幣作為計價貨幣」，拉開了人民幣作為對外貿易計價結算貨幣的序幕。近年來，中國對外貿易中以人民幣進行計價結算的規模和比例均有大幅增長，由貿易帶動的人民幣國際化進程呈現出了蓬勃發展的局面，多層次人民幣外匯市場的不斷完善可以為對外貿易中的參與主體提供透明有效的價格資訊，並提供多種衍生工具進行匯率風險對沖，提高市場主體選擇人民幣作為貿易結算貨幣的吸引力。

2.為人民幣發揮國際計價貨幣職能提供支撐

多層次的人民幣外匯市場可以為人民幣發揮大宗商品計價貨幣職能提供支撐。中國作為大宗商品進口大國，在國際大宗商品定價上缺乏相應的話語權和市場影響力，目前在人民幣國際化的整體戰略中，推動人民幣計價的大宗商品交易是重要的一環。多層次的人民幣外匯市場可以為人民幣計價的大宗商品交易提供定價依據及風險對沖手段，保證中國在大宗商品定價領域影響力的持續提升。目前國內多家商業銀行已經推出的國內貴金屬交易，其背後便是利用了人民幣和美元的外匯平盤機制；「滬港通」「深港通」等資本專案下的交易安排，也有主流的商業銀行參與其中，作為貨幣兌換的主要機構；未來中國交易所推出的人民幣原油期貨等品種，也需要多層次的外匯市場作為國內和國際大

宗商品價格的聯繫紐帶。

3.為人民幣發揮國際儲備貨幣職能提供支撐

多層次的人民幣外匯市場可以為人民幣發揮國際儲備貨幣職能提供重要管道。目前美元仍是國際上最主要的儲備貨幣，這同美元在全球範圍內建立起的靈活高效的外匯市場有密切的關係，國際投資者可以便捷地買入賣出美元，進行資產負債調整。在當前人民幣國際化進程中，多層次的人民幣外匯市場可以為境外貨幣當局提供多樣化的獲取人民幣管道，促進人民幣的國際儲備貨幣職能不斷深化。根據《2016年第四季度中國貨幣政策執行報告》，截至2016年年末，在中國人民銀行與境外貨幣當局簽署的雙邊本幣互換協議下，境外貨幣當局動用人民幣餘額為221.49億元，中國人民銀行動用外幣餘額折合11.18億美元，對促進雙邊貿易投資發揮了積極作用。這些都依賴於多層次、多產品、多參與者的人民幣外匯市場發展。

7.1.3 人民幣外匯市場演進及特徵

隨著人民幣國際化進程的推進，人民幣外匯交易市場也迅速發展，市場參與者類型顯著多樣化，可交易品種持續豐富，市場化定價機制也不斷完善，人民幣在國際上的接受程度和活躍程度持續提升。

1.人民幣外匯市場參與主體類型多樣

從市場參與者種類看，人民幣外匯市場還有進一步發展的空間。近年來，境內即期外匯市場交易幣種不斷增加，市場參與主體不斷豐富，外匯市場交易主體進一步擴展，銀行間市場交易主體種類已經涵蓋境內銀行、財務公司、券商、境外銀行等多種交易主體。截至2016年年末，境內人民幣外匯市場共有即期市場會員582家，遠期、外匯掉期、貨幣掉期和期權市場會員各154家、154家、127家和87家，即期市場做市商30家，遠掉期市場做市商26家。零售市場方面，境內發展較為緩慢，主要原因是受到境內「實需原則」的要求，只有滿足一定條件的企業才可以進入零售市場進行交易，個人結售匯業務也受到嚴格的額度管理，因此零售市場上人民幣外匯交易發展較銀行間市場更為緩慢。與

之對應的是離岸人民幣外匯市場的迅速發展，由於離岸人民幣外匯市場受到的管制較少，交易種類和交易方式較境內更為靈活，因此離岸人民幣外匯市場參與者種類較境內更加豐富，除了境內市場的參與者種類外，對沖基金也是外匯市場的重要參與者，因此離岸人民幣外匯市場投機交易十分活躍，對市場訊息的反應尤其敏感。

2.人民幣外匯市場交易規模顯著擴張

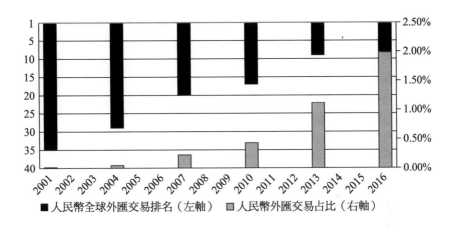

圖7—1　人民幣全球外匯交易排名及占比

從交易量上來看，根據國際清算銀行的統計調查，2016年4月，全球外匯市場日均交易量為5.07萬億美元，較2013年調查時的日均交易量5.36萬億美元下降了約5%。在全球外匯交易量下滑的大背景下，人民幣外匯交易量仍然保持了較快的增長勢頭，2016年人民幣日均成交量為2 020億美元，較2013年調查時的1 196億美元增長了68.97%。從整體貨幣成交量排名來看，2016年人民幣全球外匯交易排名第8位，較2013年上升1位（見圖7—1），已經是全球交易最活躍的新興市場國家貨幣，並且同第6位加拿大元及第7位瑞士法郎的差距進一步縮小。

3.人民幣外匯市場交易品種持續增加

從人民幣外匯市場產品成交量占比來看，掉期交易占比最大，為42%，即

期交易占比為34%，遠期交易占比為14%，期權及其他交易占比為9%，貨幣互換占比為1%（見圖7—2）。

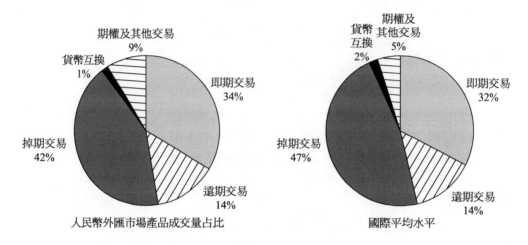

圖7—2　人民幣外匯市場產品成交量占比及國際比較

　　從國際平均水準來看，人民幣外匯交易中即期交易和期權及其他交易占比高於國際平均水準。其中有兩個問題值得關注，一個是人民幣外匯期權交易大幅高於全球平均水準的現象，從實踐經驗角度分析，由於目前境內人民幣代客即期交易、遠期交易仍有較強的管制，且從2014年開始，離岸人民幣存量規模出現了持續下降，導致需要交割的即期交易、遠期交易、掉期交易活躍程度下降，而期權交易具備高槓桿、不交割的特徵，市場參與者尤其是一些對沖基金偏好通過期權產品進行交易，因此人民幣期權交易占比相對較高。另外一個是人民幣外匯掉期交易占比低於國際平均水準，由於外匯掉期交易主要被用於對沖遠期交易產生的部分頭寸以及用於調整金融機構各貨幣的現金流量，因此外匯掉期交易在所有交易中的占比最大，幾乎達到了總交易量的一半，人民幣外匯掉期交易占比比國際平均水準低表明在人民幣市場上外匯掉期交易作為調劑美元和人民幣現金流的功能還有進一步提升的空間。

7.1.4 人民幣外匯市場的改革和發展

交易背景審核、中間價定價和人民幣波幅控制是境內人民幣外匯市場發展的三大支柱，2005年至今的多項改革措施大體圍繞著這三個方面展開，2016年人民幣外匯市場改革的焦點仍然是中間價定價機制的不斷完善。

1.人民幣外匯市場的發展歷程

境內真正意義上的人民幣外匯市場開始於1994年。1994年1月1日人民幣官方匯率與調劑市場匯率並軌，美元兌人民幣匯率統一為8.70，開始實行以市場供求為基礎的、單一的、有管理的浮動匯率制度，對中資機構實行強制結匯、有條件售匯的管理。1994年4月，中國外匯交易中心在上海成立並開始運營，建立了全國統一的銀行間交易市場。1996年，中國實現了人民幣經常項目完全可兌換，開始有序推進人民幣資本專案可兌換。

2005年至今是人民幣匯率形成機制市場改革時期。2005年7月21日，為完善人民幣匯率形成機制、提高人民幣匯率市場化程度，中國對人民幣匯率形成機制進行了改革，實行以市場供求為基礎、參考一籃子貨幣進行調節、有管理的浮動匯率制度，人民幣不再簡單釘住美元，於當日一次性升值2%。2005年11月，引入人民幣外匯做市場制度。2006年1月4日，中國人民銀行對中間價形成方式進行了調整，由參考上一日收盤價調整為對銀行間市場做市商報價進行加權平均後得出。2010年6月19日，中國人民銀行進一步推進匯率形成機制改革，增強人民幣匯率彈性，對人民幣匯率浮動進行動態管理和調節。2012年4月14日，銀行間市場美元兌人民幣即期成交區間由中間價上下千分之五擴大至百分之一，市場在人民幣匯率決定中能發揮更大的作用。2014年3月，銀行間即期外匯市場人民幣兌美元交易區間擴大至百分之二，基本上滿足了日間波動需求。2015年8月11日，中國人民銀行根據市場發展的需要，進一步完善人民幣中間價報價機制，提高了中間價形成的市場化程度，擴大了市場匯率的實際運行空間，更好地發揮了匯率對外匯供求的調節作用。

2.人民幣中間價形成機制改革

中間價定價機制改革在之前若干年中觸及較少，也是人民幣匯率定價市場化機制中的關鍵環節，因此在2015年8月中國人民銀行對人民幣中間價定價機制進行改革後，人民幣外匯市場的波動水準大幅提升，人民幣外匯市場的發展進入了新的時期。而後中國人民銀行繼續按主動性、可控性和漸進性原則，進一步完善人民幣匯率市場化形成機制，保持人民幣匯率在合理均衡水準上的基本穩定。2016年2月，中國人民銀行明確了「收盤匯率＋一籃子貨幣匯率變化」的人民幣兌美元匯率中間價形成機制。這一機制比較好地兼顧了市場供求指向、保持人民幣對一籃子貨幣基本穩定和穩定市場預期三者之間的關係，增強了匯率形成機制的規則性、透明度和市場化水準，人民幣兌美元匯率彈性進一步增強，雙向浮動的特徵更加顯著，匯率預期總體平穩。在2016年第一季度的貨幣執行報告中，央行首次闡釋了中間價的定價細節，而後多家機構開始根據定價邏輯嘗試測算每日中間價的價格，由於央行並沒有公佈人民幣指數的計算公式，市場通過不斷優化、猜測、擬合，目前測算結果已經大體接近央行公佈價格。市場測算中間價的主要目的不僅僅是為了預測中間價的水準，測算的理論結果和央行公佈價格之間的差值才是中間價測算的主要意義所在，該差價以及差價的變化可以部分反映央行對匯率運行的意圖，即當測算價格高於公佈價格時，意味著央行啟動了過濾機制，差價越大，說明過濾機制的效果越大。

7.2　人民幣現匯市場的創新

人民幣國際化的發展對人民幣外匯市場的發展提供了重要的時間視窗，同時也提出了更高的要求。人民幣直接報價幣種的拓展可以以貨幣雙邊報價為突破口，促進人民幣國際化目標的實現，同時隨著電腦網路技術的發展，外匯交易電子化平臺交易模式在外匯交易中占比逐漸擴大，加大對人民幣外匯交易電子化平臺的研發，對人民幣外匯市場創新和國際化有重要意義。

7.2.1 人民幣直接報價幣種的拓展

人民幣直接報價幣種的拓展對人民幣國際化有重要意義，也是人民幣實現計價貨幣職能的重要手段。目前在以美元為基礎的國際貨幣體系下，美元作為貨幣兌換仲介為市場普遍接受，大多數貨幣通過與美元兌換的方式實現對其他非美元貨幣的兌換報價。根據國際清算銀行對全球外匯交易的統計，2016年美元在全球外匯交易中的占比為43.80%，且有逐漸上升的趨勢，說明當前美元仍處於國際貨幣體系的絕對主導地位。

1.人民幣直接報價業務開展的現狀

截至2016年年末，銀行間開展人民幣直接報價的幣種已經達到24個，分別為美元、歐元、日圓、港幣、英鎊、澳洲元、紐西蘭元、新加坡元、瑞士法郎、加拿大元、馬來西亞林吉特、俄羅斯盧布、南非蘭特、韓元、阿拉伯聯合大公國迪拉姆、沙烏地阿拉伯里亞爾、匈牙利福林、波蘭茲羅提、丹麥克朗、瑞典克朗、挪威克朗、土耳其里拉、墨西哥比索以及泰銖，另外還有人民幣對哈薩克堅戈的區域銀行間報價市場，基本涵蓋了國際主要交易貨幣及與中國經濟往來較為密切的新興市場貨幣，隨著中國「一帶一路」倡議的推動，近年來尤其是2016年，人民幣直接報價幣種的掛牌速度顯著加快。

2.人民幣直接報價的重要意義

近年來隨著人民幣國際化的推進，人民幣在周邊國家和交易夥伴中的接受程度不斷提升，金融危機以來國際上去美元中心化的要求不斷增強，中國也不斷同周邊國家擴大雙邊本幣結算範圍，簽訂雙邊貨幣互換協定，推動建立區域性的貨幣市場，通過減免交易費用等多種方式積極鼓勵商業銀行參與人民幣對當地貨幣直接報價，未來進一步發展在雙方銀行間外匯市場掛牌人民幣對新興市場貨幣的交易，對促進中國與新興市場經濟體間的經貿往來意義重大。

第一，人民幣直接報價可以擺脫以美元作為外匯交易仲介的作用，簡化交易環節，降低交易成本。外匯交易的主要成本是外匯買賣點差，外匯買賣點差的大小取決於市場流動性、參與者數量、做市商交易能力、交易制度安排等多

種因素，活躍的人民幣直接報價市場可以減少企業外匯兌換次數，進而節省外匯買賣點差成本，節省交易時間，提高交易效率。

第二，人民幣直接報價的發展可以促進人民幣匯率市場化形成機制的改革。2015年「8‧11」匯改之後，人民幣中間價定價機制出現了較大的改變，之後外匯交易中心也開始公佈CFETS人民幣匯率指數，人民幣定價機制開始切實參考一籃子貨幣。目前該指數仍然參考隔夜美元兌其他貨幣波動，人民幣對非美元貨幣直接報價的市場化形成可以為人民幣對一籃子貨幣的走勢提供直接的參照，在未來人民幣匯率市場化改革中發揮越來越重要的作用。

第三，人民幣直接報價將提升國際市場對人民幣計價的接受程度，推動人民幣國際化進程。人民幣國際化的內涵是人民幣要在國際上履行交易媒介、價值尺度、國際儲備的職能，人民幣直接報價可以看成人民幣作為其他貨幣的價值尺度，並充當交易媒介的過程，結合現階段推動的大宗商品和貴金屬人民幣計價工作，人民幣直接報價的發展可以全面提升人民幣國際使用的範圍和接受程度，推動人民幣國際化進程。

3.人民幣直接報價發展的瓶頸

雖然近年來人民幣直接報價在數量上不斷擴充，市場接受程度不斷提升，但是仍存在一些發展瓶頸，制約人民幣直接報價向縱深發展。

首先，改變客戶交易習慣是一個長期過程。由於美元長期以來在國際外匯市場的主導地位，企業客戶和金融機構在使用習慣上已形成定勢，要改變市場參與者的習慣，需要長期的努力。國際外匯交易通過美元進行兌換是長期以來形成的交易慣例，一方面便於報價銀行進行外匯風險管理，另一方面也便於交易清算，在市場動盪時期，參與者更傾向於通過美元交易，減少風險。在2016年國際清算銀行的報告中，美元外匯交易占比不斷上升，也可以看出市場慣性力量的存在，但是我們還是應該看到國際市場發展的大勢，雖然目前美元一枝獨秀的局面難以撼動，但是歐元、日圓、英鎊這些傳統貨幣的交易需求正在下降，人民幣在全球外匯交易中的占比不斷上升，也是市場大勢所在。

其次，當前處於人民幣國際化的收縮階段。由於2015年以來人民幣兌美元

匯率的貶值，市場參與者對持有人民幣資產的風險溢價提升。面對上一年來人民幣匯率市場的波動，在人民幣國際化和匯率穩定的政策選擇上，監管層不斷發聲表明人民幣國際化是波浪式的發展過程，有條件則快速推進，沒有條件就耐心等待，當前恰恰是人民幣國際化的收縮階段。香港金融管理局公佈的資料顯示，2016年香港人民幣存款餘額仍持續下降，2016年年末人民幣存款餘額為5 467.07億元人民幣，較2015年年末的餘額8 511.06億元人民幣下降了35.76%。離岸人民幣資金池的萎縮導致離岸市場人民幣流動性更加脆弱，市場出現極端情況的概率增加。

最後，人民幣直接報價市場深度不足。從銀行間整體交易量上看，2015年銀行間人民幣對非美元直接報價成交1.57萬億元人民幣，占銀行間人民幣外匯交易比例的5.11%；2016年銀行間人民幣對非美元直接報價成交1.28萬億元人民幣，占銀行間人民幣外匯交易比例的3.23%，交易量和交易占比均有所下降。擴大人民幣直接掛牌數量是一方面，另一方面也需要通過多種措施擴大已掛牌匯率的交易規模，同時也需要不斷鼓勵商業銀行優先在零售市場上推出有實際客戶需求的直盤報價，零售市場和銀行間市場同步發展，互相促進。

雖然當前人民幣直接報價遇到一些困難，但是隨著更多國家同中國貿易合作的不斷深化，人民幣在國際上的地位提升是歷史的必然，我們現在需要打好基礎，不斷提升商業銀行外匯風險管理水準，不斷完善外匯風險管理工具，提升市場參與者的風險管理意識，人民幣直接報價重點服務於真正的客戶需求，提升人民幣國際化水準。

7.2.2　外匯交易電子化平臺趨勢

隨著科技的不斷發展和互聯網技術的進步，外匯市場交易模式也發生重大的變化，向著電子化、平臺化、網路化的方向不斷發展，目前已經普遍通過網路完成外匯交易的報價、詢價、撮合、成交、清算和交割等環節，交易效率和交易規模均有了大幅提升，根據國際清算銀行的最新報告，2016年4月，全球外匯市場日均成交量為5.1萬億美元，其中大部分交易通過電子化平臺完成。

1.在岸人民幣外匯市場的主要交易方式

境內人民幣外匯市場可以分為銀行間市場及零售市場。對於銀行間市場而言，主要通過中國外匯交易中心所搭建的平臺成交。中國外匯交易中心暨全國銀行間同業拆借中心於1994年4月18日成立，是中國人民銀行總行直屬事業單位，其主要職能是為銀行間貨幣市場、債券市場、外匯市場的現貨及衍生品提供交易、交易後處理、資訊、基準、培訓等服務，承擔市場交易的日常監測工作，為中央銀行貨幣政策操作、傳導提供服務，同時根據中國人民銀行的授權，發佈人民幣匯率中間價、上海銀行間同業拆借利率（Shibor）、貸款基礎利率（Lpr）、人民幣參考匯率、CFETS人民幣匯率指數等，並提供業務相關的資訊、查詢、諮詢、培訓服務。中國外匯交易中心所搭建的平臺，是境內銀行間人民幣外匯業務確認交易的唯一平臺。

目前境內人民幣外匯市場交易模式主要有詢價交易和競價交易模式。在詢價交易模式下，由做市商向系統發送各貨幣對的買賣報價，系統自動篩選其最優買賣報價並向市場發佈，會員自行選擇有授信關係的對手方進行詢價並達成交易，交易完成後雙邊自行清算，詢價交易模式支援即期、遠期、掉期交易。在競價交易模式下，做市商向系統發送各貨幣對的即期買賣報價，系統自動篩選其最優買賣報價並匿名發佈，所有會員匿名交易，交易完成後以交易中心為中央對手方集中清算，該模式支援即期交易，無授信風險，交易便捷，適合對即期市場價格變化極為敏感的用戶（見表7—1）。

表7—1　詢價交易模式和競價交易模式的對比

	競價交易模式	詢價交易模式
中央對手集中清算	是	否
交易匿名	是	否
交易對手授信	不需要	需要
支援產品種類	即期	即期、遠期、掉期
交易達成速度	較快	較慢
限價委託	可以	不可以
單筆交易規模	較小	較大

在零售市場方面，由於境內目前對人民幣相關交易仍然實行「實需原則」管理，客戶在進行交易之前要經過銀行的背景審核，因此目前境內人民幣外匯交易零售市場方面仍以各家商業銀行各自開發的行內代客交易系統為主，交易流程較為複雜，僅對一些國家外匯管理局備案的A類企業，可以進行交易額度管理，在額度範圍內，企業可以通過銀行網銀或其他管道直接進行交易。

2.離岸人民幣外匯市場的主要交易方式

一般意義上的國際外匯市場既包括有形的市場，也包括無形的市場。目前國際上幾個最大的外匯交易中心，如倫敦、紐約、東京、新加坡、香港等地，並沒有實體的外匯交易場所，只是外匯市場參與者通過各種交易平臺和清算網路聚集起來的虛擬市場。有一些外匯交易產品也在有形的市場上成交，如芝加哥商品交易所、新加坡交易所、香港交易所、臺灣證券交易所推出的人民幣匯率期貨，就是通過有形的交易場所成交，但是隨著電腦網路技術的進步，無形市場交易占比持續擴大將是大勢所趨。

目前國際上主流的外匯交易平臺主要可以分為銀行間外匯電子化交易平臺以及面向其他機構投資者和個人投資者的電子化交易平臺。在銀行間外匯電子化交易平臺方面，做得最早和成交規模較大的是EBS和路透公司的DEALING系統，另外還有外資銀行開發的交易平臺，如巴克萊銀行的BARX、德意志銀行的Autobahn、花旗銀行的Velocity，以及專門從事電子化交易平臺運營的360T等平臺。境外人民幣外匯市場沒有「實需原則」的要求，交易前不用進行背景審核，因此境外人民幣外匯市場和國際外匯市場交易模式一致，所用交易平臺也同國際主流外匯交易平臺基本相同。從經驗上來看，EBS和BARX是人民幣即期外匯交易的主要平臺，平臺流動性較好、點差較窄，尤其是對於小額交易，交易效率較高。對於金額較大的人民幣外匯交易，路透公司的DEALING系統仍是交易員的首選，尤其是在市場劇烈動盪時期，DEALING系統更是不可或缺。對於較為複雜的遠期、期權等交易，大部分電子化交易平臺都可以實現詢價交易功能，對於金額較小的交易，部分交易平臺可以實現直接點擊成交，有效提升了交易便利化程度。

3.中資銀行拓展電子化交易平臺的進展

未來電子化外匯交易平臺是行業發展的趨勢，因此國際上各大金融機構均投入大量資源進行電子化交易平臺建設，但是國內銀行對這方面的投入和成效明顯落後於國際主流銀行。儘管從資產規模上，中國四大國有商業銀行均已躋身全球十大銀行之列，但是在外匯交易方面，至今沒有中資銀行的身影。在2016年《歐洲貨幣》雜誌對全球外匯市場參與者進行的年度調查中，外匯交易市場排名前10位的銀行中有5家來自美國，其中花旗銀行以12.9%的份額排名第一，摩根大通和瑞士銀行以8.8%的市場份額排名並列第二，德意志銀行和美銀美林分別以7.9%和6.4%的市場份額排名市場第四和第五。

7.2.3 發展人民幣現匯市場的建議

人民幣即期外匯市場是人民幣外匯市場發展的前提，是構建多層次人民幣外匯市場的基礎，因此發展人民幣即期外匯市場需要不斷豐富市場參與者類型，增加外匯市場交易層次，提高新產品研發的效率和品質，並加快推進相關外匯電子交易平臺的建設推廣。

1.豐富市場多元化主體

豐富的市場參與者類型是促進市場價格公開有效的重要方式，目前境內零售市場參與者類型單一，主要是有進出口貿易背景的企業，在中國常年經常帳戶順差的情況下，容易形成短期內人民幣的過度升值，而在人民幣貶值預期較強的階段，交易方向和預期的集中又容易使人民幣過度貶值，增加了市場的波動。引入更多種類的市場參與者，可以充分釋放人民幣外匯市場的不同預期，使人民幣匯率水準可以更全面、更準確地反映市場供需關係，減輕監管當局的壓力。

2.增加外匯市場交易層次

按照外匯市場准入自由程度劃分，目前人民幣外匯市場的發展可以分為三個層次，一是建立在「實需原則」基礎上的零售外匯交易市場；二是在綜合頭寸等指標限制下的銀行間市場，銀行在決定交易上有一定的自主權，可以為同

業提供人民幣外匯產品報價；三是和國際接軌的離岸人民幣外匯市場，允許投機者參與，不受「實需原則」的限制。境內人民幣外匯市場在第一個層次上已經取得了比較豐富的經驗，為企業匯率保值等方面做出了重要貢獻，下一步需要持續深化改革推動境內人民幣外匯市場在第二個層次繼續完善，並向第三個層次發展。這需要監管層適時放鬆前置交易管理要求，為人民幣外匯電子化交易創造更大的發展空間。

3.促進新產品研發，健全人民幣外匯交易體系

交易產品的多樣化和各個產品市場之間的聯動是外匯體系趨於成熟的標誌，目前外資銀行通過收購成熟電子化交易平臺的方式加強自身在外匯交易領域的市場地位，而且隨著交易產品標準化程度的提高，除即期外匯交易外，遠期和外匯掉期交易在各大電子化交易平臺上也可以實現標準化點擊交易，一些較為複雜的衍生品如外匯期權，在部分電子化交易平臺上也可以實現一定金額以內的點擊成交。電子化交易平臺的發展極大地提升了外匯交易的便利性，也提升了市場價格透明度，便利交易的同時也促進了交易規模的擴大，因此發展國內的人民幣外匯市場電子化交易平臺，也應該納入人民幣外匯市場發展的總體規劃，作為一項市場的重要基礎性設施建設。

4.加快電子化交易平臺建設

當前由於國際金融危機的衝擊，全球化暫時進入了低潮階段，對現行的國際貨幣體系進行改革的呼聲較高，對於中國來說正是把握歷史機遇，大力推進人民幣國際化的關鍵時期。人民幣國際化也要求我國的電子化交易平臺的發展同國際接軌，為人民幣國際化提供良好的市場環境，在電子化交易平臺等系統的建設方面，應該充分借鑒發達國家外匯市場電子化交易平臺發展的經驗和離岸人民幣電子化交易平臺的經驗，結合自身實際情況，打造適用於中國外匯市場的綜合性電子化交易平臺，促進境內外匯市場的交易方式從交易所走向櫃檯，鼓勵各家金融機構開發適合自身實際情況的特色櫃檯外匯交易系統，廣泛融合各類交易主體的需求，形成功能強大，安全高效的交易網路，提高市場交易效率，增強市場價格透明程度，促進境內外人民幣外匯交易的發展。

7.3 人民幣外匯衍生品市場的創新

隨著人民幣國際化進程的推進，人民幣外匯市場可交易產品種類不斷豐富，市場創新層出不窮，人民幣外匯交易在離岸和在岸市場都取得了重大發展，目前已經形成了遠期、外匯掉期、期權、交叉貨幣掉期等多個人民幣外匯衍生品市場，2016年，全球人民幣外匯衍生品市場的交易規模已經達到日均1340億美元。未來隨著人民幣國際化水準的提高，發展空間仍然巨大。

7.3.1 人民幣外匯衍生品市場創新的重要意義

人民幣外匯衍生品市場的創新發展是構建多層次人民幣外匯市場的重要組成部分，人民幣外匯衍生品市場的創新包括可交易產品品種的不斷拓展，一方面包含了可交易幣種的拓展，另一方面也包括市場參與者類型的不斷豐富，同時也涵蓋了交易限制逐步取消的內容。進一步發揮市場化定價機制，將人民幣外匯市場建設成為各參與主體風險自擔、金融機構不斷推出創新產品、風險對沖專業化的成熟市場，為人民幣國際化提供有力保障。

1.滿足「一帶一路」及「走出去」企業風險對沖需求

當前「一帶一路」倡議吸引了眾多「走出去」企業對沿線國家進行投資，同時中國和「一帶一路」沿線國家的貿易規模也快速上漲，伴隨而來就是企業對外投資以及對外貿易的匯率風險防控問題，「一帶一路」沿線國家以發展中國家居多，因此企業面臨較大的新興市場國家匯率風險，人民幣外匯衍生品市場的發展，可以有效降低「走出去」企業的匯率風險。一是可以通過人民幣對當地國家貨幣直接報價交易的方式，實現人民幣和當地幣種的便捷兌換；二是可以利用現有的遠期、期權、貨幣互換等衍生品實現匯率、利率風險的有效對沖；三是利用匯率衍生品市場，在項目前期論證階段即可確定未來項目投資成本及投資收益，為企業決策提供準確可靠的兌換價格。

2.提升人民幣資產的吸引力

人民幣外匯衍生品市場不斷創新發展，對交易背景的限制逐步減少，將在很大程度上提升人民幣資產對於國際資本的吸引力。長期穩定的國際投資對中國經濟發展起到了很好的推動作用，目前人民幣進入雙邊波動走勢，對人民幣匯率風險的對沖管道是否順暢是國際資本考慮的一個重要因素，目前國家外匯管理局也在不斷改革現有政策，滿足國際資本投資人民幣資產的匯率風險對沖需求。2017年2月27日，國家外匯管理局發佈了《國家外匯管理局關於銀行間債券市場境外機構投資者外匯風險管理有關問題的通知》，規定銀行間債券市場境外機構投資者可以在具備資格的境內金融機構辦理人民幣對外匯衍生品業務，對沖以境外匯入資金投資銀行間債券市場產生的外匯風險敞口，該政策獲得了境外投資者的一致好評，在人民幣匯率雙向波動的市場環境下，可以通過衍生品實現人民幣匯率風險的對沖，而非單純地通過拋售人民幣資產的方式對沖匯率風險。未來隨著人民幣衍生品市場的進一步完善，人民幣資產的吸引力將不斷提升，人民幣資產價格的穩定性也將不斷提升，進而提升中國經濟的發展空間。

3.提升境內金融機構的風險管理水準

人民幣外匯衍生品市場的創新發展，將不斷帶動境內銀行等金融機構匯率、利率風險管理水準的不斷提升，為人民幣國際化做好人才及經驗儲備。從以往的衍生品發展歷史看，人民幣遠期、掉期市場的發展為境內外匯衍生品市場的發展提供了人才儲備，有效提升了金融機構的風險管理水準。人民幣遠期、掉期市場作為基礎的匯率衍生品市場，擔負了為境內金融機構培養衍生品人才的重任，從1997年中國銀行一家開辦到2016年擁有154家會員的市場，從業人員數量不斷增長，金融機構風險管理水準不斷提高，人民幣遠期、掉期市場的發展為中國衍生品市場的發展打下了堅實的基礎。

7.3.2　人民幣外匯遠期和掉期市場的發展

外匯遠期是最基本的外匯衍生品，根據國際清算銀行的統計，2016年全球

人民幣外匯交易中有56.44%的交易為外匯遠期和掉期交易。外匯遠期和掉期交易主要用於遠期匯率保值，在離岸市場上也可以用於投機交易，由於遠期匯率等於即期匯率加上掉期升貼水點，因此在利率平價的作用下外匯遠期通常和外匯掉期聯繫在一起，我們也將這兩個產品放在一起進行分析。

1.在岸市場的發展

遠期外匯市場以即期外匯市場的發展為基礎，境內人民幣遠期外匯市場始於1997年，大體可以分為兩個發展階段：

第一個階段為1997—2005年的零售市場發展階段。1994年以後，中國對外貿易發展迅速，進出口企業對匯率風險的保值需求開始出現。為培訓衍生品市場的發展，滿足市場參與者對人民幣外匯保值業務的需求，1997年4月中國人民銀行開始允許中國銀行進行人民幣遠期結售匯業務試點，試點期間，人民幣遠期報價以利率平價為基礎。2004—2005年匯改之間經過兩次擴容，遠期結售匯業務推廣至4家國有銀行和3家股份制商業銀行。2005年8月2日，遠期結售匯業務推廣至具有即期結售匯業務和衍生品交易業務資格的所有銀行，並實行國家外匯管理局備案制。

第二個階段為2005年至今的銀行間市場發展階段。為促進境內人民幣遠期外匯市場的發展，提高市場流動性水準，2005年8月15日，銀行間市場正式推出遠期人民幣外匯交易業務；2006年4月24日，國家外匯管理局宣佈銀行在獲取人民幣外匯遠期交易會員資格後6個月，可自動獲准辦理人民幣與外幣掉期交易的資格；2007年12月10日，中國外匯交易中心人民幣與外幣貨幣掉期產品上線。

銀行間遠期、掉期市場的發展，豐富了市場參與者種類，改變了遠期、掉期僅以利率平價為基礎的報價邏輯，對人民幣即期匯率未來走勢的預期開始影響市場價格，同時人民幣遠期、掉期市場的價格發現功能也為境內外幣利率水準的發現提供了管道，並為期權等複雜衍生品的發展打下了基礎。

2.離岸市場的發展

境外人民幣不可交割遠期發展較早。無本金交割遠期（NDF）是在到期日

不進行本金交割，根據遠期匯率與實際即期匯率差進行計算，只用本幣或外幣清算到期盈虧的遠期合約。從各國的實踐來看，NDF的產生主要由於一國貨幣不可自由兌換，國內遠期市場不夠發達，且對國際投資者外匯交易加以限制導致相應外幣交易難以用該國貨幣進行，需要借助國際貨幣交割而產生。全球的NDF外匯交易主要在離岸市場進行，在岸市場以可交割產品居多。人民幣NDF市場於1996年左右產生於新加坡，在1997年亞洲金融危機後，一些大型跨國公司對於匯率保值的需求使得這一市場更加活躍，交易主要集中在香港和新加坡。2010年之後，隨著境外可交割人民幣遠期的發展，NDF交易量開始下滑。

隨著境外人民幣資金池的積累和境外人民幣債券市場的發展，境外人民幣收益率曲線也逐步完善起來。2010年2月，香港金融管理局宣佈人民幣流入香港後，只要不涉及資金回流內地，轄內銀行可按香港監管要求及市場因素發展人民幣業務，在採取審慎的風險監管措施後，銀行可在香港發行人民幣存款或推出人民幣遠期交割合約。多家金融機構開始對境外可交割遠期進行多個期限的遠期報價，遠期市場流動性迅速提升，對NDF市場形成明顯的替代效應。

3.未來的發展建議

人民幣遠期、掉期市場作為人民幣外匯市場最基礎的衍生品，是對即期現貨市場的重要補充，提高了市場價格發現能力，為國內進出口企業提供了直接有效的保值避險工具，促進了利率市場化進程，為銀行間市場確定人民幣有效利率水準提供了重要參考，提高了市場參與者風險管理意識，提升了金融機構開展匯率衍生品業務的風險管理水準。

第一，人民幣遠期、掉期市場為企業提供了直接有效的匯率保值管道。中國加入世界貿易組織之後，對外貿易規模不斷擴大，2016年中國進出口總值為25.49萬億元人民幣，巨大規模的對外貿易伴隨著較大的進出口企業匯率風險，人民幣遠期結售匯為企業提供了便利的匯率保值管道，但是從國際橫向比較來看，中國企業的保值比率仍處於較低水準，未來仍有很大發展空間。

第二，人民幣遠期、掉期市場的發展提供了判斷人民幣匯率預期的管道。人民幣遠期、掉期市場交易活躍，市場參與者較即期市場更為豐富，不少金融

機構進行規模較大的自營交易，因此外匯遠期除了體現人民幣和美元的利差大小外，還具有反映市場預期的重要功能。從實踐經驗來看，可以將掉期市場成交價格和利率平價理論水準的差值作為反映市場預期水準的有效指標，這種情況在2008年人民幣升值預期很強的階段和2016年人民幣貶值預期很強的階段最為明顯。

第三，人民幣遠期、掉期市場的發展提供了銀行間短期資金融通的重要手段。2016年國內人民幣外匯掉期累計成交金額折合10萬億美元，同比增長19.8%，其中隔夜美元掉期成交6萬億美元，占掉期總成交額的60.4%。從資料上可以看出，短期限的外匯掉期成交占總成交的絕大部分，這是因為三個月以內尤其是一個月以內的外匯掉期大都被用來代替拆借作為短期資金融通的手段，這給流動性相對不足的貨幣提供了極大的融通便利。

7.3.3　人民幣外匯期權市場的發展

期權是在未來某個特定時間點或者一段時期內擁有按一個特定的價格買入或者賣出某項資產的權利。隨著境內即期、遠期外匯市場的發展，人民幣匯率波動性不斷增加，企業和銀行對匯率保值避險工具的需求增加，為順應市場發展，境內人民幣期權市場進入了快速發展階段，各種期權組合產品也快速發展。根據2016年國際清算銀行的統計，全球人民幣外匯期權日均成交規模為178.68億美元，在所有產品中占比為8.84%。

1.在岸市場的發展

2011年4月1日，國家外匯管理局發佈通知正式開展人民幣對外匯期權交易，期權類型為歐式期權，人民幣對外匯期權的背景審核要求和遠期結售匯一致，而且只允許客戶買入期權，以防範業務風險。在實際操作中，零售市場上銀行對客戶直接報出期權價格，銀行間市場報價以報不同Delta（對沖值）水準下的各期限波動率為主要模式。本質上買入期權相當於買入了期權的隱含波動率，由於規定客戶只能買入期權，導致市場上波動率頭寸方向單一，市場參與者交易興趣清淡，也限制了各種期權交易策略的應用。而且，嚴格的背景管制

也使期權市場參與者類型受到限制，投機力量薄弱，導致市場報價點差較寬。同時由於買入期權需要在起初支付期權費，這將對客戶的現金流形成佔用，客戶在觀念上較難接受，交易興趣不高。以上原因致使在岸人民幣期權交易推出後，交易規模增長較慢。

2011年11月11日，為促進人民幣期權市場的發展，國家外匯管理局公佈了《國家外匯管理局關於銀行辦理人民幣對外匯期權組合業務有關問題的通知》，推出了外匯看跌和外匯看漲兩類風險逆轉期權組合業務，並自2011年12月1日起實施。風險逆轉期權組合是期權組合交易策略的一種，即在買入一筆期權的同時賣出一筆幣種、期限、本金一致、方向相反的外匯期權的組合交易，但賣出期權獲得的期權費不能高於買入期權所支付的期權費。雖然客戶仍然不能直接賣出期權，但風險逆轉期權組合的推出，在一定程度上放開了客戶不能賣出期權的限制，而且為銀行進行多種形式的期權創新打開了一條通道，銀行間期權交易量迅速提升。

2.離岸市場的發展

境外人民幣外匯期權市場可分為境外不可交割人民幣外匯期權（NDO）和境外可交割人民幣外匯期權。其中境外不可交割人民幣外匯期權發展得相對較早，主要有在香港、新加坡等場外市場交易的不可交割人民幣外匯期權和在芝加哥商品交易所交易的人民幣外匯期權；境外可交割人民幣外匯期權出現得較晚，隨著境外人民幣即期市場和利率市場的發展才逐步發展起來，主要在香港和新加坡的場外市場進行交易。

與NDF的產生背景相似，NDO也是在嚴格的外匯管制條件下在一國離岸市場交易的人民幣外匯期權產品，不可交割外匯期權在到期時，只需將到期日的市場匯率與行權價格進行軋差清算，而不用進行本金收付。在境內人民幣外匯市場發展之初，多種類、多層次的外匯衍生品市場不夠成熟的歷史條件下，人民幣NDO的產生是市場參與者用來規避人民幣匯率波動風險的一個重要手段。2005年人民幣匯率改革以後，人民幣在國際上的影響力日益增強，國際上對人民幣的保值避險需求也迅速提升，NDO市場流動性逐步增強。但是由於

NDO的標的資產為境內人民幣中間價，在交割時和市場成交價格存在一定的差異，造成了交割風險，因此自境外可交割人民幣期權市場迅速發展之後，NDO市場份額開始逐漸被可交割人民幣外匯期權市場所取代。

目前來看，香港、新加坡等場外市場的人民幣無本金交割期權大都屬於歐式期權，只能在到期日執行，報價期限可以長至3年，報價形式也更加靈活，無論在市場活躍程度還是成交量上都要遠勝於芝加哥商業交易所的場內交易市場。

3.未來的發展建議

人民幣外匯期權產品是人民幣外匯體系中的重要產品，外匯期權依賴於其他市場的發展，因此人民幣外匯期權在國內開展得相對較晚，離岸市場則以不可交割的期權開始。目前境內對期權交易仍有背景審核的要求，且對期權組合產品和其他結構性產品有較多的限制，離岸人民幣外匯期權發展要快於境內市場。人民幣外匯期權市場的發展對完善人民幣外匯產品體系有重要作用，期權產品獨特的隱含波動率可以作為反映市場情緒的重要指標，結合外匯期權的各種組合產品也可以滿足不同類型客戶的匯率風險對沖需求。

首先，人民幣外匯期權市場的發展為企業管理匯率風險提供了更多的選擇方式。人民幣外匯期權出現的根本原因就是企業匯率風險對沖的需求，在人民幣外匯遠期和掉期之外，人民幣外匯期權為客戶管理匯率風險提供了新的方式。基於外匯期權損益的不對稱性，企業買入美元兌人民幣看漲（看跌）期權可以有效對沖未來人民幣的貶值（升值）風險，且不用佔用企業交易授信額度，該產品推出以來成交量迅速增值。

其次，人民幣外匯期權市場的發展為觀察人民幣匯率走勢提供了依據。人民幣外匯期權定價中最重要的要素就是期權市場隱含波動率，而隱含波動率在不同Delta水準和不同期限上有多種組合方式，波動率的期限曲線可以有效反映市場對人民幣未來匯率走勢的預期，不同的形狀也可以帶來豐富的資訊。現階段，期權隱含波動率的走勢和形狀已經是市場參與者判斷市場走勢的重要依據，為觀察人民幣匯率提供了多樣化的依據。

最後，人民幣外匯期權市場的發展促進了其他產品的發展。由於人民幣外匯期權本身的定價邏輯和風險管理要求，人民幣外匯期權一般需要通過相同期限的外匯遠期進行Delta風險敞口對沖，因此期權市場的活躍可以直接帶動人民幣即期、遠期、掉期交易規模的提升。另外由於期權本身的高槓桿特點，離岸市場上對沖基金傾向於通過長期限價外期權來表達對市場的看法，因此經常可以看到遠期、掉期市場跟隨期權市場波動的情況。

7.3.4　人民幣交叉貨幣掉期市場的發展

交叉貨幣掉期（cross currency swap）是衍生品體系中的重要組成，在債務保值、債券發行定價、對沖匯率風險等方面有重要作用，根據國際清算銀行2016年的最新統計，全球外匯交易中交叉貨幣掉期的交易量占總交易量的1.90%，較2013年份額有所提升，雖然交易量仍遠低於遠期、掉期和期權產品，但交叉貨幣掉期的發展對完善人民幣匯率、利率體系有極其重要的作用。

1.在岸市場的發展

境內的人民幣外匯貨幣掉期交易是指在約定期限內交換約定數量人民幣與外幣本金，同時定期交換兩種貨幣利息的交易協定。本金交換的形式包括：（1）在協議生效日雙方按約定匯率交換人民幣與外幣的本金，在協議到期日雙方再以相同的匯率、相同金額進行一次本金的反向交換；（2）中國人民銀行和國家外匯管理局規定的其他形式。利息交換是指雙方定期向對方支付以換入貨幣計算的利息金額，可以固定利率計算利息，也可以浮動利率計算利息。

2007年8月17日，為進一步完善中國金融市場體系，發展外匯市場，滿足國內經濟主體規避匯率風險的需要，中國人民銀行發佈《中國人民銀行關於在銀行間外匯市場開辦人民幣外匯貨幣掉期業務有關問題的通知》，決定在銀行間外匯市場推出人民幣外匯貨幣掉期交易，進一步豐富銀行間外匯市場交易品種，滿足不同市場參與者的資產管理需要。

2013年1月21日，為促進貨幣掉期市場流動性，提升市場價格發現功能，中國外匯交易中心開始發佈貨幣掉期曲線，它是基於人民幣外匯遠掉期做市商

每日16：30的做市最新有效報價生成的，包括「人民幣固定利率對美元Libor 3M」和「人民幣Shibor 3M對美元Libor 3M」兩個品種，涵蓋1Y至5Y等5個關鍵期限點。

自2014年1月13日起，中國外匯交易中心在外匯交易系統人民幣外匯貨幣掉期業務中增加「生效日不實際交換本金、到期日實際交換本金」的本金交換形式。

目前隨著境內人民幣利率市場化形成機制的不斷發展，人民幣交叉貨幣掉期市場開始進入快速發展階段，企業通過人民幣交叉貨幣掉期對自身資產負債進行主動管理的意識和能力大幅提升，未來市場發展潛力巨大。

2.離岸市場的發展

離岸人民幣交叉貨幣掉期市場發展水準要高於境內市場，主要原因是境內利率市場化水準較離岸市場為低，且交易前置審核要求較多，受到諸多限制，市場參與者類型豐富程度不足，因此離岸市場是人民幣交叉貨幣掉期交易的主要市場。

離岸人民幣交叉貨幣掉期市場在離岸即期外匯市場之後開始發展，理論上衍生品的定價只需要兩個前置條件，一個是可交割的即期市場，一個是完整的利率曲線。離岸人民幣交叉貨幣掉期市場從2010年以後開始發展，在2012年進入了快速發展時期。

目前離岸人民幣交叉貨幣掉期以人民幣對美元為主，銀行間主流報價方式為人民幣固定利率對美元3個月Libor浮動利率，當然交叉貨幣掉期作為場外交易市場的一大特點就是其合約的靈活性，現階段很多客戶利用交叉貨幣掉期進行資產負債管理，且國內客戶偏好於固定利率的可預期性，因此在實踐中客戶進行人民幣交叉貨幣掉期以人民幣固定利率對美元固定利率居多。由於離岸人民幣市場缺乏公認的市場定盤利率，因此較少有人民幣浮動利率對美元浮動利率的交易需求。近幾年隨著中國和歐洲貿易規模的擴大以及歐元融資形式的興起，人民幣對歐元和英鎊的交叉貨幣掉期也逐漸增多。2016年7月，金磚國家新開發銀行在中國銀行間市場發行的30億元人民幣綠色債券，即通過貨幣互換

的形式進行了風險對沖。

離岸人民幣交叉貨幣掉期的報價期限一般最長為10年，市場上5年以內期限的流動性較好，點差相對較窄。銀行間交易的模式一方面是對客戶交易進行平盤對沖，一方面有部分機構利用交叉貨幣掉期對銀行帳戶貨幣種類和期限進行調整，另一方面也可以進行不同期限的期限價差交易以獲取收益。離岸人民幣交叉貨幣掉期的參與者主要是銀行等其他金融機構，客戶主要是有貸款或者發債需求的企業客戶，可以通過交叉貨幣掉期的方式進行資產負債調整，並對沖匯率和利率風險。

3.未來的發展建議

人民幣交叉貨幣掉期市場作為外匯市場長期限交易的主要品種，同時兼具利率產品的屬性，近年來隨著國內債券市場的發展，人民幣交叉貨幣掉期（CCS）交易規模逐年擴大，2013年日均成交5.09億美元，2016年日均成交規模增長了4倍至25.58億美元，發展人民幣CCS市場對發展和完善人民幣外匯市場有重要意義。

第一，人民幣CCS市場為市場參與者提供了進行跨幣種資產負債管理的工具。CCS的主要作用就是進行資產負債匯率和利率風險的管理，近年來隨著國內金融市場的發展和企業跨境資金收付需求的增加，迫切需要一種金融產品可以便捷有效地對企業匯率、利率風險進行管理，人民幣交叉貨幣互換可以將外幣債務（資產）轉換為本幣債務（資產），根據企業自身的現金流情況，將本外幣資產、負債相匹配，進而實現匯率、利率風險的有效對沖。從目前情況來看，還有很多企業沒有對衍生品形成正確的認識，對CCS這種相對複雜的衍生品缺乏了解，隨著人民幣國際化的發展，預計企業對CCS交易的需求將出現快速增長。

第二，人民幣CCS市場為超長期限的遠期匯率對沖提供了手段。正如前面所述，目前境內外外匯遠期和掉期市場報價最長期限一般為3年，對於有較長收款期限的客戶難以進行有效的匯率風險對沖，而人民幣CCS市場的發展為超長期限遠期風險對沖提供了手段，一般可以通過即期交易加固定對固定CCS交

易的形式實現超長期限遠期匯率風險的對沖，最長期限可以達到10年，基本可以滿足各種類型的匯率對沖需求。

第三，發展人民幣CCS市場可以推動境內利率市場化改革的進程。人民幣交叉貨幣互換本質上是一個利率產品，國際上對其定價時需要有一條完整的利率曲線進行折現定價。根據目前人民幣市場衍生品發展在利率市場化之前的情況，人民幣利率經常由外匯掉期根據利率平價倒算而來，相同的道理，如果人民幣CCS市場由市場主體根據自身資金成本定價而成交出的市場價格，由此可以反過來計算人民幣各期限的市場利率，那麼這一利率可以為監管層制定政策提供一個相對可靠的利率水準。

第四，發展人民幣CCS市場可以提高人民幣資產的吸引力，促進人民幣國際化進程。當前人民幣國際化的一個重要指標就是提升人民幣資產的吸引力，提高人民幣資產在國際投資組合的配置比例。2015年以來離岸人民幣資金池持續萎縮，香港人民幣存款已經下降至6 000億元人民幣的規模，香港人民幣點心債市場也持續萎縮，各種人民幣資產的流動性大幅下降。在這種情況下，若人民幣資產持有者只能通過拋售人民幣資產對沖人民幣資產的匯率或者利率風險，在當前市場流動性不足的情況下容易造成現貨市場的劇烈波動，不利於人民幣國際化的進程，發達的CCS市場可以給投資者另外的選擇，通過進行CCS交易對沖人民幣資產的匯率或者利率風險，達到調整風險資產配置的目的，可以有效減輕對現貨市場的衝擊，也可以提升人民幣資產的吸引力水準。

7.3.5　人民幣外匯期貨市場

人民幣外匯期貨市場是人民幣外匯市場的重要組成部分，可以提供匯率風險對沖、提升外匯市場深度和廣度、減小交易對手風險等多種功能，而且有效的外匯期貨市場可以更好地促進市場的價格發現，為市場參與者提供一個公開、透明、有效的價格來源。

1.人民幣外匯期貨市場的發展

人民幣外匯期貨市場發展得相對較晚，且至今境內仍不允許人民幣外匯

期貨的交易，因此人民幣外匯期貨交易主要由境外市場引領。2006年8月芝加哥商品交易所首先推出了人民幣兌美元、歐元及日圓的期貨合約，這些合約以美元結算；2012年9月，香港交易所推出全球首只以人民幣交割的美元兌人民幣期貨合約；2014年10月，新加坡交易所推出了離岸人民幣無本金交割期貨；2015年3月，俄羅斯莫斯科交易所推出了人民幣兌盧布的期貨交易；2015年7月，臺灣推出了小型美元兌人民幣匯率期貨及美元兌人民幣匯率期貨兩種期貨合約，成交量增長迅速；2015年10月，韓國交易所推出人民幣兌韓元匯率期貨合約，中國銀行作為首家銀行類做市商入場做市。

2.發展境內人民幣外匯期貨的必要性

當前人民幣匯率期貨都在境外交易所交易，作為國際外匯市場的重要組成部分，隨著外匯期貨交易規模的擴大，外匯期貨市場的價格發現功能逐漸增強，期貨市場對外匯現貨市場的影響也越來越大，人民幣作為中國的法定貨幣，在境內發展人民幣外匯期貨十分必要。

首先，建設境內人民幣外匯期貨市場有助於完善人民幣外匯市場產品體系，強化境內市場對人民幣匯率水準的定價權。匯率期貨作為外匯市場的重要組成部分，是外匯市場不可或缺的產品，且期貨市場參與者類型豐富，保證金制度使得期貨名義成交量巨大，期貨市場價格對現貨市場有較大影響，在當前人民幣國際化的大環境下，發展境內人民幣外匯期貨市場對人民幣匯率定價權有重要意義，且當前人民幣外匯市場一些基礎性的衍生品已經得到一定程度發展，加入匯率期貨產品可以有效提升市場規模和種類。同時由於期貨交易的保證金制度和風險對沖邏輯，期貨交易將帶動境內人民幣遠期、掉期和即期交易的活躍程度，提升市場價格發現功能。

其次，建設境內人民幣外匯期貨市場有助於豐富外匯市場參與者種類，提升市場廣度。傳統的人民幣即期、遠期業務，市場參與者以銀行和有貿易需求的企業為主，券商、保險公司及個人很難參與，尤其是銀行間市場，除少數企業的財務公司和券商可以進入外，大部分難以參與其中，因此相對封閉的銀行間市場不利於形成公開、透明、有效的市場價格，國際上匯率期貨參與者多以

銀行、企業、券商、基金、個人為主，因此在境內建設匯率期貨市場可吸引境內基金、券商、個人參與，豐富市場參與者類型，有效提升外匯市場廣度。

再次，建設境內人民幣外匯期貨市場可以為市場主體提供有效的匯率風險對沖手段。雖然目前境內市場已經形成了較為齊全的外匯產品種類，但是企業進行匯率風險對沖大都需要通過銀行櫃檯進行交易，效率較低且市場訊息不夠透明。發展人民幣匯率期貨市場，企業和其他市場主體可以直接進入交易所或通過特定機構進行交易，交易效率較高且市場價格透明，市場主體將獲得更多匯率風險對沖的產品和手段。

最後，建設境內人民幣外匯期貨市場可以有效減少交易對手信用風險，提升市場深度。鑒於外匯期貨產品和普通遠期產品在定價上的相似性，通過期貨市場直接對沖匯率風險也可以作為管理匯率風險的重要方式，而場外衍生品交易的一個主要瓶頸就是相關協定的簽署和相互授信的審批，場外交易很多時候需要通過協力廠商交易對手「過橋」的方式進行成交，人為增加了清算壓力並擠佔了有效交易額度資源，而場內交易的外匯期貨產品為中央交易對手清算，可以有效減少交易對手雙邊協定的簽署和交易額度審批工作，進而為市場流動性的提升創造合適的政策環境。

7.4 構建離岸市場與在岸市場的聯動機制

離岸人民幣市場的出現和發展是人民幣國際化過程中的過渡階段，在當前境內對跨境資金流動仍有管制的環境下，離岸和在岸市場人民幣匯率、利率價格存在一定差異，各種產品也存在價格差異，同時由於在岸和離岸市場存在資金聯通的管道，因此價格差異也會保持在一定幅度以內，未來隨著人民幣國際化進一步推進和中國資本帳戶進一步開發，離岸和在岸市場的聯動將更有效。

7.4.1　人民幣離岸市場的演進過程

境外人民幣外匯市場以香港離岸市場為代表，一方面香港背靠內地，和內地經濟往來密切；另一方面香港資本市場經過多年發展，各方面制度比較健全，人才優勢突出，具備發展離岸人民幣市場得天獨厚的條件。隨著人民幣國際化的深入，新加坡、倫敦和臺灣的人民幣外匯市場也迅速發展，但在規模和市場深度上還和香港市場有一定的差距。境外人民幣即期外匯市場的發展和跨境人民幣制度安排密切相關，大體經歷了三個發展階段：

第一個階段是2003—2009年期間以零售市場為主的階段。2003年11月19日中國人民銀行和香港金融管理局簽署了合作備忘錄，香港銀行可以辦理人民幣存款、匯兌、銀行卡和匯款業務，指定中銀香港為清算銀行，全球首個人民幣清算體系開始建立起來。在這一階段，香港市場人民幣存款的積累是通過個人業務積累，到2009年7月底，香港市場人民幣存款為559億元人民幣，這一階段銀行間外匯市場沒有明顯發展。

第二個階段是2009—2014年的跨境貿易人民幣結算階段。2009年7月6日，跨境貿易人民幣開始試點，隨後人民幣跨境貿易政策逐步放開，加之人民幣有較強的升值預期，同時香港人民幣較境內人民幣更貴，人民幣通過企業跨境貿易快速流入香港，香港人民幣存款餘額最高已達到1萬億元人民幣。在這個階段，銀行間人民幣外匯市場開始迅速發展，銀行間即期外匯市場連續報價開始出現，市場交易量和流動性迅速提高，「CNH」開始成為境外人民幣的貨幣符號，與境內人民幣「CNY」進行區別。

第三個階段是2014年至今的人民幣雙向流動階段。2014年第一季度以後，市場對人民幣走勢預期分化，CNH開始出現貶值趨勢，導致通過跨境貿易結算流入香港的人民幣減少，境外投資持有人民幣的動機不再以獲取人民幣升值收益為主要目的，人民幣開始在滿足境外投資者日常支付和資產配置方面發揮更大的作用。在這一階段，隨著人民幣雙邊貨幣互換規模的擴大，新加坡、臺灣、倫敦等地的人民幣外匯市場開始迅速發展，境外人民幣外匯產品種類較為齊全。

7.4.2　人民幣離岸市場與在岸市場的聯繫管道

人民幣國際化的發展促進了人民幣在離岸市場的使用，現階段中國資本帳戶開放仍在進程當中，人民幣跨境資金流動還受到一些限制，因此人民幣匯率和利率水準在離岸和在岸市場都存在差異，差異的存在主要由人民幣跨境流動的難易程度決定，而且差異水準隨著市場環境和政策的變化而波動。

根據其他學者的研究成果，現階段人民幣資金跨境流動主要通過個人、非金融企業、金融機構及央行四條管道。其中人民幣資金通過個人業務跨境流動主要有攜帶現鈔出境和外匯兌換管道；人民幣資金通過非金融企業跨境流動主要有跨境貿易人民幣結算和直接投資兩條管道，其中跨境貿易人民幣結算是人民幣跨境流動的主要管道；人民幣資金通過金融機構跨境流動的主要方式為金融機構跨境人民幣貸款和境外機構投資境內證券市場；人民幣資金通過央行管道跨境流動的主要方式為中國人民銀行與其他國家或地區的中央銀行或貨幣當局間的雙邊貨幣互換協議，以及中國人民銀行批准境外央行或貨幣當局可運用央行貨幣互換獲得的人民幣資金投資境內銀行間債券市場。

境內人民幣通過各種管道流入離岸市場後，由於人民幣的清算最終仍然只能通過境內銀行體系完成，流出境外的人民幣初始資金仍將存放於境內銀行體系，根據目前的安排主要有五種模式：一是清算行模式（含託管帳戶），即境外參加行在境外人民幣清算行開立清算帳戶，清算行進而在中國人民銀行開立清算帳戶或經清算行在中國人民銀行直接開立託管帳戶存放離岸人民幣資金。在中國人民銀行開立的清算行帳戶和參加行託管帳戶的存款，共同構成了現行清算行模式下離岸人民幣資金的境內存放。二是代理行模式，即境外參加行可在境內代理行開立人民幣同業帳戶。境外參加行可以自行選擇通過清算行或代理行模式存放人民幣資金並進行跨境貿易人民幣結算。三是NRA帳戶模式，即境外非金融機構可以在境內銀行開立人民幣銀行結算帳戶。四是央行貨幣互換模式，即境外央行在中國人民銀行開立人民幣帳戶。五是人民幣特殊/專用帳戶模式，即境外機構可以在境內銀行開立人民幣特殊/專用帳戶，用於境內證券投

資。需要注意的是，上述人民幣資金雖然存放在境內銀行體系，但屬於境外機構帳戶，這些帳戶與境外銀行帳戶之間的人民幣資金劃轉不屬於跨境流動。

7.4.3　人民幣離岸市場和在岸市場的聯動關係

根據金融市場的無套利均衡原理，同一種資產如果在不同市場上的價格存在不一致的情況，則可以通過在不同市場上進行低買高賣的操作實現無風險套利，獲得無風險利潤。由於目前中國還存在一定程度的跨境資本流動性管制，人民幣的跨境流動還受到限制，因此在境內外人民幣市場上出現了「一種資產、多種價格」的狀況，但各個市場之間仍通過各種管道產生聯繫。

一是人民幣國際化帶動離岸和在岸市場融合。人民幣國際化帶來的跨境資本流動性管制放鬆是離岸和在岸市場融合的根本動力，2009年中國人民銀行和中銀香港簽署清算協議之後，人民幣可以通過跨境貿易的形式在境內外進行流動，同時RQFII、境外人民幣貸款等資本項下的人民幣跨境流動規模不斷擴大，人民幣回流管道不斷增加，慢慢促進了境內外人民幣匯率、利率市場的融合，也促進了包括人民幣即期、遠期、掉期、期權等產品價格的趨同。

二是市場參與者利用價格差異在不同市場之間進行交易。由於境外市場限制較小、對市場訊息的反應快於境內市場，因此境內外人民幣外匯市場上經常會有價差存在，部分跨國企業在境內外都設有分支機構，可以在境內外市場上從事人民幣外匯產品交易，利用不同市場的價差，在價格較低的市場上買入，在價格較高的市場上賣出，獲得收益。各個市場之間通過跨市場套利交易、擇機選擇市場交易，使各個市場之間存在一定的聯繫。同時，由於境外人民幣市場沒有「實需原則」的要求，在境外不同人民幣外匯曲線之間的套利也是金融機構的一種重要的交易模式。

三是在岸市場定價機制不斷市場化改革促進了境內外價格趨同。以人民幣即期外匯市場為代表，2015年中間價定價機制改革前後，在岸市場CNY即期匯率和離岸市場CNH即期匯率之間的價差出現了大幅收窄，2015年9月至2016年12月，平均價差僅為50基點，兩個市場價格走勢基本保持了一致形態。外匯

衍生品由於還涉及人民幣利率市場化改革因素的影響，目前仍然持續存在較大價差的情況，未來隨著國內人民幣利率市場化改革的推進和資本項目的不斷開放，未來離岸和在岸市場人民幣外匯衍生品的價格也將進一步趨同。

7.4.4 促進人民幣離岸市場和在岸市場協調發展

隨著人民幣國際化的推進，人民幣離岸和在岸市場的融合是大勢所趨，也是構建公平、透明市場結構的必然選擇，為了積極穩妥地推進離岸市場和在岸市場的融合，本章給出以下建議：

第一，重視離岸和在岸市場融合對構建公平、透明、合理市場體系的重要意義。從2010年離岸人民幣外匯市場開始活躍到現在離岸市場交易規模遠超在岸市場，離岸和在岸市場的價差持續存在，價差的存在自然會引導市場參與者在價格低的市場上買入，在價格高的市場上賣出，甚至出現套利的行為，但是這些交易機會對於國內企業來說卻有很大差異，從目前的外匯管理政策看，只有具有貿易背景或其他監管認可背景的交易可以在境內操作或者通過跨境聯動交易的形式開展，同時在境外具有實體的企業可以在離岸市場開展人民幣業務，因此利用離岸和在岸價格差異，利用兩個市場相對優勢價格進行交易，以降低企業財務成本。但是這種好處大部分被進出口規模較大、在境內外都設有機構的大企業獲得，對於一些中小企業，由於缺乏必要的管道而無法利用兩個市場的價格，反而承擔了部分價差的成本。因此，在盡可能短的時期內促進離岸和在岸市場的融合，推動兩個市場價格趨於一致，對於在國內營造公平競爭的市場環境，降低進出口小微企業財務成本和匯率保值成本有重要的意義。

第二，離岸和在岸市場的融合應以在岸市場為主導。人民幣是在岸市場的法定貨幣，在離岸市場上只是諸多外幣的一種，雖然離岸人民幣市場近年來發展迅速，但是全球人民幣資產配置的主要市場和外匯交易需求的主要來源仍然在境內，而且以在岸市場為主導對離岸和在岸市場進行融合也應該成為具體政策的出發點。截至2016年年末，境內人民幣存款餘額為155.5萬億元，香港離岸人民幣存款餘額為0.55萬億元，離岸和在岸市場的市場規模差距巨大。中國人

民銀行作為境內人民幣流動性的最終提供者，可以有效進行逆週期操作平抑市場波動。而從離岸人民幣市場的實際情況來看，由於缺乏市場最終流動性提供者，人民幣流動性容易出現極端情況。如2016年1月由於外匯市場波動導致離岸人民幣貨幣市場出現踩踏現象，香港隔夜人民幣定盤利率飆升至66.82%的非正常水準，9月又出現了隔夜定盤利率高達23.68%的情況，而在岸市場短期利率基本保持穩定。因此，在岸市場應該也必須成為人民幣市場的主流市場，成熟的在岸市場對於人民幣國際化的平穩推進有極其重要的作用，離岸和在岸市場的融合也應該以在岸市場為主導。

第三，完善在岸市場的人民幣匯率、利率市場化定價機制是促進離岸市場同在岸市場融合的關鍵。香港離岸人民幣市場以相對較小的人民幣存量資金規模，在現階段獲得了輿論的高度關注，在多種外匯交易產品上對在岸市場產生顯著的影響，最關鍵的原因就是香港人民幣市場的市場化定價機制，以及國際投資者對這種定價機制的高度認可。在岸市場繼續保持當前的改革態勢，促進境內人民幣市場在利率和匯率價格形成機制上的市場化水準提升，是保持在岸市場處於主導地位的關鍵。從2015年「8‧11」匯改的實踐效果看，制定相對透明的、以市場供求為基礎的、經過同市場充分溝通的人民幣匯率形成機制可以為市場參與者接受，而且可以促進離岸市場向在岸市場價格靠攏。因此，對於其他外匯或者利率衍生交易產品，如果在岸市場按照市場化定價機制的目標持續推進，未來離岸市場和在岸市場的融合將會成為自然而然的結

7.5 政策建議

構建多層次的人民幣外匯市場對人民幣國際化有重要的意義。多層次的人民幣外匯市場包括市場參與主體的多樣化、市場交易規模的持續增加、市場流動性的不斷提升以及市場可交易產品的不斷豐富等內容。多層次的人民幣外匯市場可以支撐人民幣作為國際結算貨幣、計價貨幣以及貯藏貨幣職能的順利實現，也可以有效發揮人民幣外匯市場本身的價格發現、匯兌計價和保值避險功能，為人民幣市場參與者提供便捷高效的交易管道。

1.進一步完善人民幣外匯市場化定價機制

2015年中間價形成機制改革後，2016年引入了一籃子貨幣作為人民幣定價的基準，市場經歷了一段時間的摸索，目前已經對新的機制較為適應，同時市場對於人民幣外匯市場其他方面的配套改革也更加期許，人民幣匯率市場化改革還需要進一步推進。當前的中間價定價制度只是邁向大國金融過程中的過渡性安排，人民幣匯率市場化改革的終極目標是自由浮動，這是作為一個崛起的世界大國的必然歸宿。目前的中間價定價機制延續了監管層要兼顧多重目標的政策框架，此次調整中間價定價邏輯的主要目標有三：一是穩定中國對外貿易條件，即參考一籃子貨幣的波動；二是減緩外匯儲備的下降速度，參考每日下午4：30反映市場供求的價格作為次日定價的一部分；三是保持人民幣國際化的推進態勢，以更加市場化的方式對人民幣進行定價。一個政策工具要承擔如此多的政策目標，在無其他方面配合的條件下，只能是現階段的權宜之計，有可能最後的結果是既無法穩定匯率，也無法有效改善中國的貿易條件，且容易成為系統性風險的發洩口，而且只有當匯率接近自由浮動之時，人民幣匯率才能真正成為經濟運行的結果而非目標。

2.提高外匯政策組合的靈活性

人民幣外匯市場的發展主要依靠政府政策的放寬和推動，面對當前複雜嚴峻的國內外形勢，我們一方面要保持國內宏觀經濟環境的穩定，一方面也要相機在不同的政策組合之間進行調整取捨。具體來說，當前主要面臨的問題是需要在匯率、儲備、國際化的政策組合之間進行適時調整。匯改以來的外匯政策主要是在不可能三角的邊線進行政策組合調整，取得了很好的效果。我們所處的內外部環境在不斷發生變化，自2005年匯改至2014年，中國經濟發展受人口紅利的推動，長期處於經常項目和資本專案雙順差的格局，政策制定也基本上以「先流入後流出、先長期後短期」的基調為主，我們通過外匯占款對沖了絕大部分外匯儲備增量，加以準備金政策的調整，基本保持了國內貨幣政策相對獨立、匯率基本穩定、資本專案有序開放的格局。自2014年開始，儲備增速放緩並開始下降，而儲備恰恰是目前政策制定當中一個我們無法主動控制的外生

變數，外匯儲備的底線思維仍然適用。底線也約束了政策邊界，在各種可能的政策組合中，也許更加偏向浮動的匯率同人民幣國際化的政策組合是比較合適的選項。

3.促進人民幣離岸和在岸市場的協調發展

由於離岸人民幣外匯市場進入門檻較低，因此離岸人民幣外匯市場發展迅速，國內開展人民幣外匯業務受「實需原則」的管理，外匯交易市場上長期以進出口實需企業為主，缺少投機資金的介入，導致國內人民幣外匯市場交易規模和中國進出口規模不匹配，近年來隨著離岸人民幣外匯市場的發展，離岸人民幣外匯交易量已經大大超過境內成交規模。根據國際清算銀行2016年統計，全球人民幣外匯市場日均成交規模為2 020億美元，其中大部分為離岸市場成交，境內市場成交增長速度嚴重落後於離岸市場。保證人民幣國際化進程由境內人民幣外匯市場主導是維護中國金融安全的重要方面，進一步降低人民幣外匯市場的進入門檻是國內人民幣外匯市場發展的重要條件，適度放鬆對境內人民幣外匯交易的政策限制，是未來政策需要考慮的重點。

4.推動人民幣外匯交易電子化發展

人民幣外匯交易電子化是大勢所趨。根據《歐洲貨幣》雜誌對2016年全球外匯市場的調查統計，外匯交易市場份額排名前五家所占市場份額有不斷下降的趨勢，主要原因就是電子化交易平臺的發展，使外匯交易便利化、去中心化、利潤率降低化過程加快，未來外匯交易市場將是得平臺者得天下的階段，從現在開始中資銀行就應該以人民幣外匯交易為依託，大力發展自己的對非銀行機構及個人客戶電子化交易平臺。但是目前中資銀行對外匯交易相關設施的投入和大人才儲備嚴重不足。商業銀行改革至今，國內銀行仍然延續以擴張資產規模為主的發展模式，未來需要轉變觀念，從外延式增長轉入內涵式發展。以資產負債為主的發展模式雖然短期內容易見到效果，快速提升銀行在體系內的地位，但是對於金融市場這類資金密集和人才密集型的業務，需要長期的大量投入和人才培養，國內銀行普遍對人民幣外匯交易尤其是電子化交易平臺投入嚴重不足，制約了中資銀行在交易方面的市場份額提升。

第八章

健全金融基礎設施，完善人民幣交易功能

金融基礎設施主要包括由支付清算體系、金融服務的法律制度體系和徵信與信用評級體系等構成的促進金融發展的基本環境。在當前人民幣國際化進程的關鍵時期，完善人民幣交易功能，提高人民幣的國際認可度和使用度，增強人民幣資產的安全性，迫切要求中國加強金融基礎設施建設。建立高效安全的人民幣跨境支付清算體系、健全相關金融法律制度、發展科學公正的徵信與信用評級體系，構成完善人民幣交易功能的金融基礎設施「三大支柱」。

隨著國際貿易中人民幣支付量的加大，舊有的清算行制度顯現出了明顯弊端，有必要建設和完善符合國際標準、境內外統籌管理的現代化支付清算體系。法律制度是金融基礎設施建設的核心，健全的法律體系有助於金融市場在法治框架下更好地運行，提高資源配置效率，擴大人民幣金融交易規模。債券市場是吸納國際投資者的主要金融市場，能否吸引大量境外投資者，在很大程度上依賴於中國的信用環境，即擁有公正客觀的徵信與信用評級機構、科學的評級制度和方法來幫助境外投資者有效甄別信用風險。稅收是影響投資收益和中國金融市場競爭力的因素，也是金融基礎設施建設的一個有機組成部分。

8.1 繼續完善人民幣跨境支付系統和人民幣清算行體系

　　隨著中國貿易、資本流動規模越來越大，人民幣逐步登上國際貨幣中心舞臺，對跨境支付體系提出了更高的要求。早在2009年，中國人民銀行就批准執行跨境人民幣支付結算政策，並與相關國家和地區簽署了33個雙邊本幣互換協議，互換總金額超過3.1萬億元。人民幣加入SDR後，國際社會對人民幣的接納程度進一步提高，人民幣已進入50家境外貨幣當局的儲備資產，發揮更重要的國際貨幣職能。

　　在全球貨幣支付市場，人民幣支付的市場份額一直穩步上升（見圖8—1）。雖然受人民幣貶值影響，2016年人民幣支付的市場份額下降到1.67%，但與2011年10月相比，人民幣的全球貨幣支付市場占比增加了542%。據環球銀行金融電信協會（SWIFT）統計，截至2016年6月，全球已有約1 800家銀行業金融機構使用人民幣作為國際跨境支付貨幣，同比增長12%。

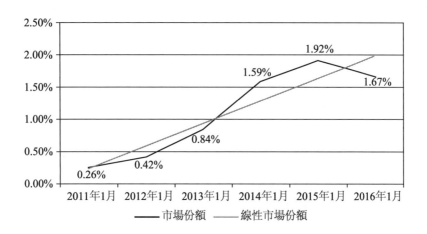

圖8—1　人民幣支付占全球貨幣支付市場的市場份額

資料來源：SWIFT（2016年10月數據）。

　　人民幣國際化程度加深離不開跨境交易夥伴關係的建立以及人民幣清算行

的設立。在全球使用人民幣作為支付貨幣的101個國家中，小額貿易支付業務占比約12.9%。人民幣支付占其支付總額的比例超過10%的國家達到57個，除西班牙外，這些國家均與中國建立了小額交易夥伴關係（SWIFT，2016年9月資料）。目前，全球共有22家人民幣清算行，遍佈五大洲的多個國家，構成了全球人民幣支付網路。

隨著支付量的加大，現行的人民幣清算行制度顯現出了明顯的弊端，如何建設和完善具備國際標準、境內外兼併的現代化支付體系，是穩步推進人民幣國際化亟待解決的重大問題。

8.1.1 人民幣支付體系現狀

1.跨境人民幣支付的主要模式

目前人民幣跨境清算體系主要包括三種模式：代理行模式、清算行模式、非居民人民幣帳戶模式。2015年第四季度一期人民幣跨境支付系統（CIPS）上線後，這三種模式雖然基於市場需求繼續發揮作用，但逐漸轉向更為方便安全的CIPS。

代理行模式：代理行是指具有國際結算能力的境內銀行〔一般是大額支付系統（CNAPS）成員中的境內商業銀行〕。境外銀行在境內代理行開立人民幣清算帳戶，通過SWIFT傳遞跨境支付資訊，由代理行直接接入境內支付系統並完成跨境人民幣資金清算。為防範匯率風險，境內外銀行之間往往選擇美元進行資金餘額的平盤處理。代理行模式適用於中國與周邊國家的邊貿結算，以及中國與東盟國家、金磚國家的一般貿易結算支付。

清算行模式：中國人民銀行與外國央行簽訂協定，允許經批准的對方國家的特定商業銀行（一般是境內銀行的海外分行）作為境外清算行，遠端接入本國的即時全額結算系統，並在中國人民銀行開立結算帳戶。兩國的其他銀行則可通過本國清算行代理，利用對方國家的即時全額結算系統辦理清算業務。境外清算行是大額支付系統的直接參與者，其總行（母行）位於境內。對境外清算行，中國人民銀行會根據綜合評估給予一定的人民幣購售額度，以促進其資

金流動性。同時，境外清算行也可以通過境內拆借市場獲得更多的流動性。清算行模式適用於兩地經濟往來密切、貿易量大且風險可控的情況。

非居民人民幣帳戶模式（NRA）：經中國人民銀行當地分行審核批准，境外企業可在境內商業銀行開設NRA帳戶，直接通過境內銀行的行內清算系統和中國人民銀行跨行支付系統進行人民幣資金的跨境清算和結算。NRA屬於境內帳戶，因此不納入外債指標管理，帳戶接受當地監管，並且需按規定在境內納稅。

目前，人民幣跨境支付中使用較多的是代理行和清算行模式，清算行模式發揮著越來越重要的作用。在資本帳戶不能完全自由兌換的情況下，境外人民幣清算行在一定程度上扮演了央行角色，提供人民幣流動性並確保貨幣的自由兌換，便於海外風險控制和央行管理。境外銀行不能直接接入我國的國內支付系統，必須以清算行作為仲介，這樣可有效防止離岸市場對在岸市場的衝擊。清算行所需跨境帳戶相對較少，交易速度較快，有利於境外企業節省成本，同時也有利於人民幣清算行增加中間業務收入。不僅如此，其他銀行必須在清算行設立人民幣帳戶進行資金調撥，有利於清算行產生資金沉澱，而且資金頭寸存量越多，清算行的定價空間就越大。對國內銀行而言，一旦取得人民幣清算行資格，就能獲得當地市場的認可，增加客戶和存款來源，做大做強對公業務，提升其國際化水準和聲譽。

人民幣清算行主要是中國銀行、中國工商銀行、中國建設銀行、中國農業銀行和交通銀行的海外分行。第一家清算行於2003年12月由中國銀行（香港）分行擔任，其主要職責是為香港銀行開立人民幣清算帳戶、接受香港銀行的人民幣存款等。2013年2月8日，中國工商銀行新加坡分行成為首家在中國以外的人民幣清算行，隨後人民幣清算行數量快速增加，2014年在倫敦、2016年在紐約兩個全球重要金融中心設立人民幣清算行，標誌著人民幣跨境支付獲得巨大進步。截至2016年年底，中國五大行已在境外設立人民幣清算行22家（見圖8—2），服務範圍輻射中國港澳臺地區、東南亞、東北亞、歐洲、大洋洲和南北美洲。

人民幣清算行的設立有幾個顯著特點：（1）配合國家重大發展戰略，比如在5個「一帶一路」沿線國家設立了人民幣清算行；（2）考慮港澳地區的特殊性，在「一國兩制」框架下設立人民幣清算行，可直接連入中國內地大額支付系統；（3）在全球重要金融中心，如紐約、倫敦、法蘭克福均設立了清算行；（4）除港澳外，其他20家清算行都不能直接與中國內地大額支付系統連接，必須由清算行母行、總行接入境內大額支付系統（HVPS），完成在中國人民銀行層面的最終清算。

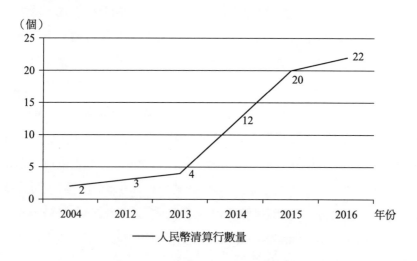

圖8—2　人民幣清算行數量變化圖

2.CIPS發展現狀

人民幣跨境支付系統（CIPS）是指為境內外金融機構人民幣跨境和離岸業務提供資金清算、結算服務的金融基礎設施。早在2012年年初，中國人民銀行就做出決定，建設CIPS系統，以滿足全球各主要時區人民幣業務發展的需要。2015年7月31日，跨境銀行間支付清算（上海）有限責任公司在上海註冊成立，同年10月8日，CIPS（一期）正式投產運營。

CIPS為人民幣跨境支付提供了安全、便捷的系統，50個國家和地區的金融機構紛紛加入。運行一年多來，CIPS處理的跨境人民幣支付業務量高速增長

（見表8—1），2016年第三季度表現非常突出，業務量猛漲75%，單筆交易金額大幅增長，環比增長114%。不僅如此，CIPS的參與者也在迅速增加，截至2016年年底，CIPS已有28家直接參與者和512家間接參與者。

表8—1　CIPS上線一年處理業務數量統計表

時間	交易總量（萬筆）	環比增長（%）	交易總金額（億元）	環比增長（%）	日均交易量（萬筆）	日均交易總金額（億元）	平均單筆交易金額（百萬元）
2015年第四季度	8.67	—	4 808.98	—	0.14	77.56	5.54
2016年第一季度	9.55	10	4 135.67	−14	0.16	67.8	4.24
2016年第二季度	10.92	14	4 701.95	14	0.18	75.84	4.21
2016年第三季度	19.06	75	17 003.35	26	0.29	261.59	9.02

資料來源：中國人民銀行。

　　當然，CIPS還處於起步階段，業務處理量遠低於中國的經濟總量。2016年第三季度CIPS處理業務總金額1.7萬億元，與同期中國的GDP總量18.9萬億元相比，還不到十分之一。因此，CIPS要發展成為人民幣跨境支付的重要管道，任重而道遠。

8.1.2　CIPS的運行規則及清算方式

　　跨境銀行間支付清算（上海）有限責任公司全面負責CIPS的系統運營維護、參與者服務、業務拓展等各方面工作。中國人民銀行負責監督管理CIPS。各參與者在CIPS中進行貨幣的收支和賬務的處理。

　　CIPS中參與者分為直接和間接兩類，每一位參與者在CIPS系統中都有自己的行號（即CIPS CODE），是該參與者在系統中的唯一標誌，而且該行號與其在SWIFT的銀行識別碼（BIC）保持一致。直接參與者在CIPS中開立資金帳戶（零餘額帳戶），其行內業務系統或專用前置系統與CIPS直接連接，通過CIPS發送和接收指令，指令通過私人網路絡或通用網路傳輸。在CIPS（一期）中，境外直接參與者還不能接入CIPS。間接參與者不能在CIPS開立資金帳戶，必須委託直接參與者辦理人民幣跨境支付業務。直接參與者與間接參與者採取

一種「多對多」的委託代理關係，以便督促直接參與者提高業務水準，吸引更多的間接參與者與其建立業務關係，促進支付市場的公平競爭。

CIPS的支付機制為：每日交易前，直接參與者通過大額支付系統（HVPS）將足額資金匯入CIPS帳戶。交易開始後直接參與發起者根據客戶的需要，填寫報文提交至CIPS，CIPS對直接參與發起者和接收者的行號、狀態進行查詢，若直接參與發起者帳戶餘額充足，則系統直接借記直接參與發起者帳戶，貸記直接參與接收者帳戶，之後再將指令發送給直接參與接收者，直接參與接收者確認無誤後進行內部賬務處理。若直接參與發起者帳戶餘額不足，則指令進入排隊序列，待餘額充足後再進行處理（見圖8—3）。

CIPS（一期）採用的是即時全額逐筆清算方式（RTGS），即交易雙方的每一筆業務都通過電信網路即時發送和處理資訊，對發送的轉帳指令的處理和最終結算都是即時單筆進行的，既不通過多筆借貸交易軋差，也不在預先確定的時間進行統一結算。這種清算方式在時效上很有優勢，但對系統使用者的預備頭寸要求較高，而且不允許透支，影響了系統流動性，增加了資金成本。

CIPS在提高人民幣跨境支付方面具有非常明顯的優勢：第一，提供更長時間的清算視窗。由於大額支付系統（CNAPS）不具備充足的時間來處理與中國時差較大的歐美銀行清算業務，CIPS比CNAPS延長3個小時的服務時間，能覆蓋到全球主要人民幣支付清算的國家和地區，使更多的人民幣跨境支付業務能夠得到及時處理。第二，縮短清算路徑，集中清算。CIPS提供更快捷的服務，節省資金、時間成本。境外清算行不再通過CNAPS，而是作為清算行直接接入CIPS系統，進行集中清算，

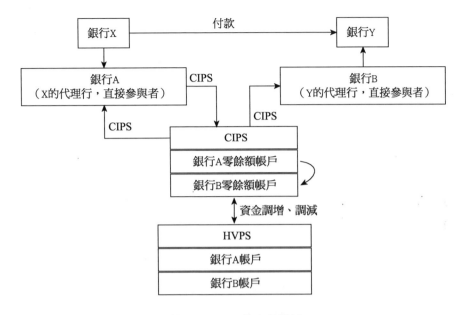

圖8—3　CIPS的支付機制

資料來源：鍾紅。跨境人民幣清算體系建設的思考。國際金融，2013（10）。

　　大大縮短清算路徑。CIPS有更廣泛的參與者，集合清算，省去傳統模式中的中間行環節，縮短交易處理時間。第三，實現國際業務直通式處理。在清算行和代理行模式下，需經由 SWIFT 傳遞跨境清算資訊，而SWFIT不支援中文報文，一些欄位與CNAPS報文不相容，往往需要落地人工處理，嚴重影響了清算效率。CIPS採用國際標準的報文格式，與SWIFT的MT報文格式相容，可進行業務直通式處理，減少報文轉換時間和費用，提高業務處理流程的效率。值得一提的是，CIPS直接接入人民幣跨境收付資訊管理系統（RCPMIS），相關監管部門能夠主動採集交易資訊，及時掌握跨境資本流動情況。第四，實現境內和境外風險隔離。在代理行和清算行模式下，CNAPS承擔國內銀行間以及人民幣跨境支付清算的雙重任務，容易遭受來自境外的網路攻擊。CIPS是獨立的、專屬的人民幣跨境支付清算通道，建立了境內外風險隔離機制，有助於維護國內金融資訊的安全。第五，業務處理量更大。在清算行模式下，由於境外清算行都是國內銀行的分支機構，業務處理量受到支付能力的限制。CIPS的直

接參與者都是國際大銀行，有最低資金保證，而且直接參與者和間接參與者的「多對多」關係，為間接參與者提供多種選擇，保證能夠順利完成支付。

CIPS有助於降低跨境支付流動性風險和操作風險

　　流動性風險是指交易對手不能如期，但可以在以後某個不確定時間全部結算債務的風險。這可能反過來影響到收款人預期的流動性頭寸。這種延誤有可能迫使收款人在短時間內從其他管道融資來彌補流動現金頭寸的短缺。由於融資成本較高或者損害剩餘，從而造成經濟損失。境外清算行本質上只是境內商業銀行的海外分行，不能直接接入CNAPS，存在流動性不足的隱患。

　　這裡將以中銀香港實際案例說明流動性風險。2003年後的幾年中，香港人民幣跨境貿易融資的量非常有限，難以成為資金的主要源泉，香港企業的主要結算貨幣仍是美元，對於人民幣需求不大。在香港，人民幣額度主要依賴兌換安排，在人民幣匯率變化的過程中，隱藏的套利機會容易引起人民幣需求上漲，出現人民幣兌換額度緊缺，流動性不足的情況。

　　2010年10月，中銀香港跨境貿易人民幣結算兌換安排突然出現爆額，正是該風險的一個徵兆。10月以前，中銀香港的人民幣額度只用了20億元，9月香港人民幣實際的貿易結算需求仍然十分清淡，當月香港人民幣跨境結算額較8月下降22.5%。但是隨著人民幣升值預期加速，連同利差、價差因素，假借貿易結算額換取人民幣的投機行為日益增多，在10月的前兩周，人民幣使用額度就暴漲了60億元，10月27日，香港人

民幣跨境貿易清算行中銀香港突然宣佈人民幣貿易結算兌換額度已用盡，一度引起市場提出增加在港清算行數目的要求。

香港財經事務及庫務局局長陳家強表示，額度用完是由於使用人民幣做跨境貿易結算的客戶增加。香港特區政府財政司長曾俊華在「新興市場投資者論壇」上表示，現在人民幣跨境貿易結算，有75%都是通過香港進行。然而在人民幣兌換額度告罄的同時，貿易額並未發生相應的增長。這說明很多結算額度未按規定用到貿易項下，而事實上是在套利、套匯推動下的變相資本回流，存在大規模的非真實貿易結算。

CIPS為降低流動性風險、保障清算效率，要求直接參與者應當保證其帳戶具有充足的流動性。直接參與者可通過注資、調增和調減，對其帳戶流動性進行管理。直接參與者可從HVPS和同業拆借獲得流動性支援，根據全國銀行間同業拆借中心的要求達成拆借交易後，拆出方應當使用金融機構匯款報文進行資金劃轉。

CIPS上線後，交易雙方可通過CIPS直接進行清算，不必經過境外分行中轉，緩解清算行人民幣兌換額度不足的風險。另外香港清算行可以作為直接參與者接入CIPS，進一步提高人民幣清算效率並降低交易成本、推動人民幣國際化進程。

此外，CIPS採用國際通行報文標準，支持傳輸包括中文、英文在內的報文資訊，並完善了中文處理流程，業務處理的系統自動化程度更高，減少手工操作環節，有利於降低操作風險。CIPS還準備了應急處理方案，當發生了影響CIPS正常運行的系統故障、電力中斷、網路通訊中斷等情況時，運營機構和直接參與者應當建立各自的突發事件應急處置領導小組，建立健全備份系統，制定並不斷完善應急預案，保證系統正常穩定運行。完善的應急處理方案對突發事件發生時有序地恢復運營起到了關鍵的作用。

CIPS規定境外金融機構只能申請成為CIPS的直接會員。換句話說，境外金融機構只能接入CIPS，不能連接HVPS。由於CIPS與CNAPS

相互獨立又互聯互通，境內機構可以作為這兩個系統的直接參與者，而境外機構將不再與CNAPS直連，只是作為CIPS的直接或間接參與者，這不僅降低了我國支付系統的外部衝擊風險，還降低了我國對SWIFT系統的依賴，有利於提高中國金融系統的國際化和安全性。

8.1.3　CIPS系統需要進一步健全

雖然CIPS基本實現了跨境人民幣支付的預期功能，按照現行主要國際貨幣的跨境支付系統標準，距離建成安全、穩定、高效的人民幣跨境支付清算管道，CIPS的功能還需要進一步健全和完善。

首先，系統清算效率有待提高。CIPS和CNAPS一樣，只能通過全國銀行間同業拆借中心獲得日內短期流動性，並不支持日間透支。採用即時全額逐筆清算制度，雖然能夠防止資金敞口風險，但是對系統使用者的預備頭寸要求較高，增加資金成本。因此，CIPS應該探索如何提高系統的清算效率，提高資金的周轉率，降低資金成本。

其次，業務種類有待擴大。目前CIPS定位於跨境貿易人民幣支付清算業務，主要包括企業、機構的大額人民幣跨境業務，小額個人跨境人民幣業務沒有得到發展。而且，CIPS不支持金融市場的跨境支付結算，證券市場、銀行間債券市場、外匯市場尚未接入CIPS，不方便QFII、RQFII、QDII等投資機構進行跨境支付。需要進一步提升結算便利性、相容性和高效性。

再次，系統運營時間、系統危機處理機制、運營機構的市場化運營管理能力以及監管法律等方面都有待提高和完善。

歐美跨境支付系統值得借鑒的經驗

　　根據SWIFT公佈的2016年10月份國際貨幣支付統計資料，美元與歐元排在前兩位，分別占比40.55%，32.26%。支撐美元如此大規模的資金流動量的支付清算體系有兩個，分別是聯邦資金轉帳系統（Fedwire）和紐約清算所銀行同業支付清算系統（CHIPS）。Fedwire主要服務於境內各銀行業金融機構之間的清算和隔夜拆借，公司之間的大額資金交易，美國政府與國際組織之間的記帳債券轉移等；而CHIPS主要處理跨境大額美元支付業務，包括外匯結算、跨境銀行間美元交易等。歐元區最主要、最有影響力的大額支付系統是泛歐自動即時全額清算快速轉帳系統（TARGET）。2007年11月19日，第二代TARGET啟用，簡稱TARGET2。對於中國的CIPS系統發展，歐美支付系統在功能設計和經營管理方面有以下值得學習借鑒的經驗。

　　第一，全球覆蓋式的清算服務時間。為了方便為全球提供清算服務，系統運營服務時間安排一般比正常工作時間長，能夠覆蓋到其他國家或地區的業務時間。美國的Fedwire系統每日開始營業時間是工作日前一天（T－1日）下午9點（東部時間），持續到第二天（T日）的下午6：30（東部時間），一個工作週期的運行服務時間一共是21.5個小時。CHIPS的執行時間是從自然日前一天下午9點（東部時間）到第二天下午5點（東部時間）為一個工作週期，共計20個小時，比Fedwire提前1.5個小時結束營業。而歐洲的TARGET2的一個運營週期為21個小時，從格林尼治時間凌晨1點，一直營業到晚上22點。

　　第二，高效的清算模式。美歐清算支付主要通過混合支付模式和給予信用透支額度的方式來提高清算的時效。CIHPS系統通過採用混

合支付模式和信用限額的方式來提高流動性，即一方面採用雙邊或多邊撮合清算的方法，另一方面利用成員的信用限額來提高結算效率。TARGET2雖然採用即時全額支付模式，達到規避清算信用風險和提高清算時效的目的，但是歐元區各中央銀行會根據實際情況，採取信用透支額度限額方法對本行清算帳戶進行管理，以提高清算效率。正是由於高效的支付清算能力，CHIPS和TARGET2才能夠滿足巨大的業務處理量：CHIPS達到94%的直通處理率，日均交易總額約1.6萬億美元；TARGET2的日均交易總額則為2.2萬億歐元。

第三，完善的風險管控機制。美歐跨境支付系統在事前、事中、事後多個環節建立相應的風險管理機制，保證投資者的利益，保障系統的安全運行。

第四，多系統相連，提供全方位服務。國際主要貨幣的跨境支付系統都接入外匯、證券市場，具有良好的相容性，為投資者提供多樣化的服務，例如CHIPS建有外匯直接轉換的功能，TARGET2更是在提供央行貨幣結算功能的同時加入了證券結算的功能。

第五，系統運營機構在法律上定位於「公眾利益」。TARGET2由歐洲中央銀行（European Central Bank，ECB）擁有並負責經營，以便歐洲中央銀行對清算系統實行監控和宏觀調控，避免系統運營機構損害公眾利益。從法律上看，CHIPS公司和美聯儲沒有隸屬和聯營關係，但是，通過不以營利為目的以及公開、透明的公司治理方式，確保CHIPS的「公眾利益」法律定位。

第六，系統參與者准入機制。歐美跨境支付系統對申請者的資格設有一套嚴格的標準。CHIPS採用金字塔形的代理結算方式，只有處理跨境支付業務達到一定規模的國際大銀行才能直接接入CHIPS，成為直接參與清算行，其他小銀行或金融機構只能委託這些大銀行作為代理行進行資金清算結算。根據美國最新的《陶德—法蘭克金融法案》（Dodd－Frank Act），CHIPS公司必須對直接參與清算行進行年度資格

審核，以確保清算的有效性。歐央行也為TARGET2設立了准入規則，TARGET2系統的直接參與者必須統一使用SWIFT報文格式，並且日均業務數量和總額需達到當地央行的最低標準。而間接參與者可通過在直接參與銀行開設主帳戶（Home Account）進行歐元支付清算業務。

第七，與SWIFT合作並進行監管。目前全球各國的跨境支付資訊傳遞，基本依賴SWIFT完成。SWIFT採用標準化、統一化的MT報文格式，便於其他國家和地區的系統統一接入，以及各種支付資訊的自由轉換。CHIPS對SWIFT的報文設置有轉換對照表，方便交易資訊的直通式處理。TARGET2則直接採用MT報文。依據《歐美融資跟蹤專案協議》，從2010年8月起，SWIFT清算組織需要向美國財政部提交支付業務處理資訊，這在一定程度上威脅到其他SWIFT管道使用者的交易資訊安全，也表明掌握跨境支付資訊傳遞管道控制權對維護金融安全的重要性。基於SWIFT的壟斷地位，為保證跨境支付資訊傳遞的通暢，與SWIFT建立合作關係是必要的，但是必須注重保護跨境支付資訊的獨立性和安全性。

第八，良好的監管環境。國際上成熟的跨境支付系統的適用規則一般具有全面性、可更新性，接軌國際標準，依據專門的支付清算法規運行。2012年，《陶德—法蘭克法案》規定CHIPS為系統性重要金融市場工具（SIFMU），在法律上奠定了CHIPS的重要地位。覆蓋CHIPS的規則較為全面，法律占大多數，也存在行政規章、部門檔和自律規則等多層次規則。

8.2　完善人民幣金融交易法律制度建設

8.2.1　構建適應人民幣國際化的審慎監管制度

1.構建宏觀審慎監管制度及配合監管制度

宏觀審慎監管制度是運用宏觀審慎措施限制金融系統風險，降低重要金融

服務中斷對實體經濟造成危害的監管制度。[1]系統風險是指金融體系部分或全部受損造成金融服務提供中斷，並能夠對實體經濟造成非常嚴重的負面後果的風險。[2]構建防範人民幣國際化風險的宏觀審慎監管制度，應當從宏觀審慎監管制度、宏觀審慎監管措施、宏觀審慎監管體制幾個方面著手。逐步減少對行政手段的依賴，更多運用市場、法律的手段以及匯率、利率、稅率等價格工具形成的法律規制調節經濟活動，提高宏觀調控的前瞻性、針對性、透明度和公信力。應針對可能出現的不同情形充實政策和法律規制儲備，完善應對跨境資本過度流入和集中流出的緊急預案。

與此同時，還需要審慎監管金融機構，包括形成和完善對資本充足率、利率、流動性、信貸和外匯風險的確定、定價和管理手段等規定，使之能夠有效地與國外金融機構競爭，並承受資產價格變化影響。此外，還應積極開展多層級的合作和交流，全面參與國際反洗錢合作，避免有害稅收競爭。健全和完善統計監測機制，對各類金融市場的運行狀況進行全面動態的監測。[3]總之，防範人民幣國際化面臨的風險需要在宏觀審慎監管制度的基礎上進行制度創新，以組織機構間的法定協作帶動宏觀審慎措施與其他措施的協調或配套。[4]具體而言有以下三點：

第一，監測人民幣的國內外供應。目前，人民幣的國際需求呈現穩步上升趨勢，央行在決定貨幣供應量時，應充分考慮人民幣的國內需求和國外需求，防止出現內外需求與供給嚴重失衡而導致人民幣外流。

第二，監管本外幣流動。重點防範熱錢流動對國內貨幣環境造成負面影響，需要有靈活的人民幣發行機制以及雄厚的外匯儲備支撐應對國際熱錢衝擊，同時還需要保障人民幣回流機制的暢通。歷史上每一次金融危機之後都有大規模熱錢流動的足跡，應當高度重視對跨境資本流動的監控，尤其是在管理

1　IMF, Macroprudential Policy : An Organizing Framework, March 14, 2011, p.8.
2　IMF, Key Aspects of Macroprudential Policy, June 10, 2013, p.6.
3　胡天龍。人民幣納入SDR法律風險規制。http://finance.sina.com.cn/review/hgds/20151202/0708 23907622.shtml.
4　韓龍。人民幣國際化重大法律問題之解決構想。法學，2016(10)。

短期資本流動方面，要堅決抑制套利資金的短期異常波動。可以吸收國際經驗，對資本流動徵收「托賓稅」，繳納無息存款準備金，收取高額外匯交易手續費，實行熔斷機制等市場調節手段。[1]有必要建立一套完備的監管體系，將人民幣回流納入監測之中，對回流的人民幣資金的規模進行控制，嚴密甄別資金種類，並對資金的流向進行合理引導和調配，保證流向實體經濟和虛擬經濟的資金呈合理比例，警惕熱錢大規模流向資本市場與房地產市場。[2]

在「互聯網＋」時代，中國政府應該充分運用大資料技術，建立全方位覆蓋居民、非居民的資本流動監測系統，實行功能監管，減少或者不留監管空隙，對重點經濟主體、重點金融機構的資本流動進行事中和事後監管，通過經濟手段或者一定的法律授權對市場主體的跨境金融交易行為施加影響，增加過度投機者的投機成本。有效管理跨境資本流動，以較高的對外投資收益來防範發生金融風險，同時強有力的宏觀管理能力也必然能夠增強市場持有人民幣的信心。

第三，完善匯率管理制度。在利率和匯率市場化的背景下，若不能有效管理匯率波動，將引起過度資本流動，影響經濟穩定。[3]人民幣貶值壓力釋放過快，短期跨境資本的無序流動，以及投機套利助長非理性行為，都會阻礙人民幣國際化正常發展。實現人民幣國際化有序發展，關鍵在於維持人民幣匯率穩定。隨著市場化程度的提高以及政府干預的減少，匯率彈性和雙向波動性必然會繼續擴大。雖然人民幣不存在持續貶值的基礎，但在不同時期仍面臨著階段性波動壓力。因此，中國還應加快推進外匯市場建設，進一步完善人民幣匯率形成機制，使人民幣匯率在合理區間內波動，增強國內外投資者的信心。[4]

2.加強離岸市場與跨境資金監管

與此相配套，還要完善離岸人民幣交易市場的法律規制。人民幣離岸市場

---

1 涂永紅，陳露。加強宏觀審慎管理為人民幣國際化護航.當代金融家，2016(1).
2 韓璞景。離岸人民幣回流機制研究。金融經濟，2016(2)。
3 鄧黎橋。人民幣國際化:影響因素、政策配合與監管。重慶大學學報(社會科學版)，2016(1)。
4 王有鑫，饒曉蕾。人民幣國際化短期遇阻的表現、成因及前景研判。南方金融，2016(4)。

的建設必須與法律制度的建設同步。細化離岸金融市場的市場准入原則、准入主體的範圍和形式、准入許可的方式、交易對象、經營範圍和業務框架、稅收征管、監管模式、監管標準和風險控制手段等，形成一套全面、系統的離岸金融規則，以促進人民幣國際化的發展。[1]

第一，明確離岸金融機構准入主體及條件。開展離岸金融業務的主體不僅僅是中資銀行及其分支機構，還應當包括外國銀行及其分支機構。應該明確規定外國銀行准入的條件，只允許其開展「兩頭在外」的離岸銀行業務，即資金只能來源於境外並且資金的運用亦在境外，不允許外國銀行參與在岸業務。[2]還應當立法允許非銀行金融機構參與離岸金融業務，進一步放鬆對外國投資者管制的負面清單。隨著離岸人民幣市場的快速發展，海外人民幣的監測已日益成為擺在中國貨幣當局面前的一個重要課題。應加強資金監管，通過清算管道有效控制人民幣離岸金融交易，監管人民幣離岸市場交易行為的合法有效性。

第二，建立離岸人民幣市場的統計和監管制度。鑒於離岸人民幣市場對國內宏觀調控效果有著較大影響，離岸人民幣跨境流動已經給國內金融市場帶來衝擊，應儘快完善與離岸人民幣相關的貨幣指標統計口徑，厘清境外主體持有的人民幣資金在統計基礎貨幣、廣義貨幣供應量、存款準備金等指標時的處理方式。進一步明確離岸人民幣在現有貨幣統計指標體系中的歸屬，並針對離岸人民幣的特殊性，構建能反映其特殊性質的新的貨幣統計口徑，以便正確判斷和評估離岸人民幣市場對中國貨幣體系的實際衝擊影響。應該充分運用大資料技術，進一步完善跨境人民幣流動監測體系，通過強化對跨境及境外人民幣業務的統計與分析，與國外央行建立資訊交換機制，提高離岸人民幣市場的資訊透明度，確保離岸人民幣市場的平穩、有序發展。[3]加強內地與離岸市場監管者的監管合作機制，例如建立預警機制，制定應急方案，強化監管資訊交流，以便雙方的監管當局都能及時掌控人民幣離岸業務的進展情況。[4]第三，完善

1　向雅萍。人民幣國際化的法律路徑探析。河北法學，2013(5)。
2　羅國強。論離岸金融市場准入監管法制。江淮論壇，2010(2)。
3　姜林林。離岸人民幣跨境資金流動宏觀審慎管理探討。華北金融，2016(12)。
4　鍾磊。論構建香港人民幣離岸金融中心。福建金融，2011(1)。

經常專案下海外人民幣資金管理制度。人民幣用於國際結算後，可能出現大量海外持有人民幣現象，海外人民幣債權運作管道的安排關係到能否有效管理境外人民幣市場及交易的問題。對經常項目下形成的海外人民幣債權，在處理上應遵循以下原則：海外人民幣資金可以按照規定的管道使用，即用於向中國進口的支付，對中國境內直接投資，就地兌換成其他貨幣，委託存款銀行開展代客理財業務投資中國境內金融資本市場。中國政府也應該承諾海外人民幣資金可以自由兌換。[1]

第四，調整跨境資金監管方式。需要調整管理框架，將主要監管內容從過去的外匯和外匯收支轉變為跨境資金流動。在制度安排及監管設計上，將人民幣跨境流動以及境外資產負債納入監管監測體系並作為重要的監管內容。人民幣跨境流動管理應該與國內金融市場管理相互配合，一方面，要根據市場需要擴大人民幣境外貸款規模，或擴大與外國央行的互換貨幣規模，以增加人民幣流動性；另一方面，要進一步縮短央行在貨幣政策操作上通常存在的決策時滯和行動時滯，對市場動態做出快速反應。尤其要完善保密制度和反洗錢法律，遏制海外資金非法轉移和流動。[2]

第五，完善個人跨境人民幣業務的責任控制及懲處機制。明確個人的真實性申報責任和銀行的真實性審核責任，並具體規定相應的處罰措施。在商業銀行內部建立完善的與個人跨境人民幣結算業務相關的內控制度和操作規程，建立對個人跨境人民幣交易異常資訊的識別機制，建立資金跨境流動異常報告制度。對短期內頻繁匯款、有意規避限額管理的資金跨境流動，或用途與交易單證不相符等異常情況，商業銀行應及時向當地人民銀行報告。[3]

3.宏觀審慎監管與微觀審慎監管相互結合

宏觀審慎監管不僅有助於獲得開放經濟帶來的好處，還可以有效防範跨境

1　強力，王瑩瑩。國際化背景下的人民幣結算制度的改革與完善。中國政法大學學報，2015(5)。
2　交通銀行課題組。人民幣國際結算的重大意義與現實挑戰。新金融，2009(2)。
3　強力，王瑩瑩。國際化背景下的人民幣結算制度的改革與完善。中國政法大學學報，2015(5)。

資本流動帶來的風險，比嚴格資本管制更符合世界經濟一體化的發展趨勢。立足於我國的具體國情，當前迫切需要合理設計宏觀審慎監管政策工具，如宏觀審慎穩定稅、外匯頭寸管理、外匯風險準備金等，考慮價格性資本管制或保留恢復部分資本管制的權力。

在積極推行宏觀審慎監管的同時，當然也需要密切關注微觀審慎監管的重點目標，因為系統性風險源自個體風險的累積。人民幣納入SDR是人民幣國際化的重要一步，邁過了各國官方法定外匯資產的門檻。隨之而來的是資本流動和人民幣波動幅度逐漸增加，人民幣均衡匯率面臨一定的貶值壓力，「不可能三角」引起對國內貨幣政策的掣肘更為顯現。簡言之，納入SDR對人民幣而言意味著更多機會，同時也意味著更多挑戰。短期而言，中國可能面臨更為頻繁的資本流動壓力，所以更應該加強監測，穩妥應對。[1]

人民幣跨境流動監管應當隨著人民幣區域化、國際化的進度而及時進行動態調整，因此，必須建立和完善更加市場化，更具靈活性和前瞻性，同時具有風險預警功能和風險防範能力的宏觀審慎監管方式。建議在宏觀審慎監管框架下引入預期管理制度，通過了解主要市場參與者的預期，結合監管部門的調控目標，與市場建立起有效溝通機制，以減少對行政手段的依賴，從而提高貨幣政策有效性和人民幣跨境流動風險的預警能力。

為更好地實現監管目標，監管機構自身也應加強各行業、各部門間的監管合作。人民幣跨境流動使得中國與世界經濟的聯繫和互動更為緊密。跨境資本流動涉及企業、銀行、保險、證券等多個行業和部門，因此必須在各個行業和部門之間建立有效的跨行業、跨部門的監管協調機制，確保人民幣跨境流動的相關資訊能夠得以及時、準確地交換和共用，進而為跨境資本流動的風險預警及防範提供依據。中國人民銀行、國家外匯管理局、海關、商務部等多個部門應協調合作，明確各自在人民幣跨境流動監測、監管中的職責、目標及手段，發揮各自在異常跨境資金流動的甄別、監測、跟蹤和處置等方面的不同作用。

1　劉陳傑。納入SDR對人民幣意味著什麼？ http://www.ftchinese.com/story/001069628adchannelID=2000.

通過建立聯席會議制度和及時有效的資訊交流共用平臺，形成監管合力。此外，中國還應積極參與區域性和國際性的貨幣、金融、經濟合作協定及合作機制，在區域金融監管方面與其他國家進行適時、廣泛的交流和合作。例如，加強與境外企業和銀行的聯繫和交流溝通；加強與人民幣區域化發展速度較快的國家或地區的資訊交流共用；加大與境外監管部門的協作配合力度，共同建立健全跨境資本流動風險監管體系，嚴防非法資本跨境流動。[1]

　　人民幣加入 SDR 後，資本專案更加開放，中國必須堅持金融服務實體經濟的原則，促進貿易投資便利化，根據中國國際產能合作的需要以及「一帶一路」倡議的需要合理引導跨境資本流動。

8.2.2　建立資本專案管制臨時回彈機制

　　資本項目管制作為風險管控的一項重要手段，已經獲得當前國際社會的廣泛承認。[2]但是，宏觀審慎監管措施與資本專案管制措施存在目標上的差異，前者用以防範金融體系的脆弱性，後者旨在限制資本流動的脆弱性。儘管資本流動的脆弱性範圍更廣，包含了金融體系的脆弱性，兩者有重疊和交叉，但是宏觀審慎監管措施並不關注影響資本流動強度的因素。[3]由於人民幣國際化客觀上要求取消資本管制，由此產生的風險將主要通過宏觀審慎監管的制度創新加以防範，但資本項目開放後容易出現國際遊資的大進大出，對金融和經濟造成宏觀審慎監管無法抵禦的嚴重災難或威脅。因此，需要在立法中設計出適當的資本專案管制臨時回彈機制。[4]需要強調的是，臨時回彈的資本專案管制應當作為最後措施，只有在跨境資本流動已經造成嚴重威脅金融或經濟穩定的系統風險，或已導致危機，而且宏觀審慎監管措施和其他措施已經用盡，或適用這些措施耗費時日，不能用以抵禦上述威脅或危機的情況下，資本專案管制才

1　勾東寧。人民幣跨境流動的發展與監管.西南金融，2016(5)。
2　Maria Socorro Gochoco-Bautista and Changyong Rhee, Capital Controls : A Pragmatic Proposal, ADB Economics Working Paper Series, No.337, February 2013, p.7.
3　IMF, Macroprudential Policy : An Organizing Framework, March 14, 2011, p.8.
4　韓龍。人民幣國際化重大法律問題之解決構想.法學，2016(10)。

能臨時回彈適用。還應該明確回彈的資本項目管制措施具有暫時性，一旦上述緊急情勢得到緩解，管制措施應立即解除，以減輕或消除對人民幣國際化的傷害。顯然，暫時回彈的資本項目管制屬於治標措施，不能替代瞄準上述威脅或危機根源而進行改革的治本措施。[1]至於應該使用哪些資本專案管制措施，則因情況而異。從實踐來看，各國採取的措施各有不同，包括禁止資本流動，規定等待期或停留期，課稅，限制非居民開設國內銀行帳戶，限制居民對外借貸等。[2]

8.2.3 構建並完善促進金融市場發展的法律制度

人民幣國際化需要建立發達、開放的金融市場。如果金融市場不發達，缺乏深度和廣度，就難以應對巨額跨境資本流動的衝擊，就可能動搖我國的金融穩定和貨幣政策。[3]為了繼續推進人民幣國際化，中國需要發展金融市場尤其是資本市場，使其可以有效緩解外部衝擊。當前中國的金融體系仍由銀行業主導，金融市場發展程度較低，多層次資本市場體系培育尚處於起步階段；與發達國家相比，外匯市場、衍生品市場規模有限。應當深化金融市場化改革，降低市場准入門檻，大力發展債券市場、衍生品交易市場和各類二級市場，不斷拓寬金融市場發展的廣度和深度。[4]

第一，促進金融市場主體多元化。豐富金融市場主體是促進交易活躍的一個重要方法，我國應該實行基於承諾的市場開放，引入具有不同偏好和需求的各類中外投資者。吸引各類市場主體需要滿足一個重要的前提，即對整個金融市場實行嚴格的法治，創造公平的市場環境。依法解決金融糾紛，有助於維護公眾的金融信心。

1　韓龍。人民幣國際化重大法律問題之解決構想.法學，2016(10)。
2　Maria Socorro Gochoco-Bautista and Changyong Rhee, Capital Controls : A Pragmatic Proposal, ADB Economics Working Paper Series, No.337, February 2013, p.1.
3　韓龍。實現人民幣國際化的法律障礙透視.蘇州大學學報，2015(4)。
4　王春橋，夏祥謙。人民幣國際化:影響因素與政策建議——基於主要國際貨幣的實證研究.上海金融，2016(3)。

第二，拓寬人民幣投資管道和回流途徑，建設境內人民幣衍生品市場。資本帳戶可兌換改革的穩步推進為人民幣回流提供了契機，推進境內人民幣衍生品市場發展、增加對境外投資者的吸引力越顯迫切。未來應完善境內人民幣外匯衍生品市場的基礎設施建設，增加人民幣外匯衍生品種類，推進交易、清算等業務發展；提高市場交易的活躍度，增強企業運用衍生品管理匯率風險的意識，支援個人有序開展衍生品交易；豐富外匯市場參與者類型，繼續引入合格境外投資者，不斷深化境內外匯市場開放，拓寬人民幣投資管道及回流途徑。[1]

第三，加快制定既切合中國實際又符合國際慣例的金融稅收制度。應當將部分在一些金融領域交易占主導地位的國際通行規則引入中國的金融稅收體制中。例如，國際互換與衍生品協會（ISDA）制定的衍生品交易主協定，為包括利率、貨幣、外匯、商品的遠期、互換及期權交易的各方提供統一的交易標準，中國可在金融稅收制度中適當地引進，從而達到提高市場效率的效果。

第四，為混業經營進行金融立法，制定《金融監管法》，建立單一監管機構，對金融業實行統一監管。與此同時，實行宏觀審慎監管制度，統一立法、加強協調。總之，人民幣國際化必須建立在法治和透明的基礎上，唯有如此，人民幣才能真正被國際社會接受，人民幣國際化的預期目標才能夠真正實現。

8.2.4　構建並完善人民幣清算體系的法律制度

1.完善CIPS法律制度

目前，CIPS（一期）的相關制度主要包括：《人民幣跨境支付系統業務暫行規則》《人民幣跨境支付系統參與者服務協定》《人民幣跨境支付系統業務操作指引》《人民幣跨境支付系統運行規則》以及《人民幣跨境支付系統技術規範》。《人民幣跨境支付系統業務暫行規則》（銀辦發〔2015〕210號）由中國人民銀行制定並在其門戶網站上發佈，主要規定參與者的加入條件、業

1　王有鑫，饒曉蕾。人民幣國際化短期遇阻的表現、成因及前景研判。南方金融，2016(4)。

務處理要求、帳戶管理要求等。經中國人民銀行批復後，CIPS運營機構制定並發佈了《人民幣跨境支付系統參與者服務協定》和《人民幣跨境支付系統業務操作指引》，其中協定以法律文本的形式約定了CIPS運營機構和參與者的權利與義務，操作指引規定了主要業務流程及具體要求。後續，CIPS運營機構還將發佈《人民幣跨境支付系統運行規則》《人民幣跨境支付系統技術規範》。[1] 雖然CIPS（一期）已經制定了一系列法規，但是從數量和內容上來看，這些法規還不能完全保證CIPS高效有序運行。

繼續保證CIPS的高效運行，必須建立和完善配套的法律制度，包括管理支付、系統運行和結算等法律規章以及糾紛解決辦法。例如，歐盟在規範和保障歐元支付系統方面制定了諸多法規，包括《歐洲共同體條件》《歐洲中央銀行體系和歐洲中央銀行章程》《跨境銀行轉帳指令》《跨境支付監管條例》等，此外，《TARGET協議》還為非歐元區國家中央銀行與TARGET連接提供了一個有效的機制。日本是由很多法規綜合在一起形成的支付和證券結算的法律基礎，如支付方面的《銀行法》《資本認定法》等。歐盟和日本完備的清算法律制度為跨境支付體系創造了良好的法律環境，消除了支付結算過程中的不確定性並且能夠有效控制系統範圍內的損失。[2]

相比之下，CIPS現有規則對系統參與者的風險防範明顯不足，需要採取以下措施：第一，應儘快確立結算最終性和軋差安排的法律效力，防範參與者破產可能引發的系統性風險。近期可以通過司法解釋或中國人民銀行制定部門規章的方式確認結算的最終性，遠期最好能制定專門的支付法規，系統地安排軋差和結算的法律效力。第二，提高《人民幣跨境支付系統業務暫行規則》中設置的直接參與者資格標準。目前設置的直接參與者標準缺乏實質限制條件，更多依賴於監管者的審查。未來可以通過提高直接參與者的標準增強系統的安全性。第三，通過相關自律規範的安排，明確當間接參與者發生風險時，由代

1　中國支付清算協會。人民幣跨境支付系統(一期)，答記者問。http://www.pcac.org.cn/index.php?optionid=704&auto_id=1870.

2　毛術文。人民幣國際化清算法律問題探析.現代經濟探討，2015(3)。

理其進行業務的直接參與者或所有的直接參與者承擔風險的原則。[1]

2.構建人民幣充分國際化下的清算系統運行法律制度

第一，確定清算最終性的法律地位，避免因清算參與人的破產、倒閉等原因影響支付系統結算最終性。中國《企業破產法》第十六條規定：「人民法院受理破產申請後，債務人對個別債權人的債務清償無效。」最高人民法院《關於審理企業破產案件若干問題的規定》第十條規定：「人民法院決定受理企業破產案件的，應當製作案件受理通知書，並送達申請人和債務人。通知書作出時間為破產案件受理時間。」但對於自作出案件受理通知書到送達到當事人手中這段期間發生的已結算支付指令的效力並無明確規定。因此，《企業破產法》的規定會導致對已結算支付指令的追溯，從而影響到支付系統的穩定性。中國應對《企業破產法》進行修改，避免「零點法則」對支付系統處理最終性產生影響。

第二，建立流動性風險、信用風險管理的系列制度，如帳戶管理、抵押品管理制度等。近幾年建成的人民幣跨境收付資訊管理（RCPMIS）系統，採集並處理所有與跨境人民幣業務有關的各項資訊。但該系統採用商業銀行人工主動申報的方式採集資料。由於人工方式容易發生疏漏，造成資料的客觀性、真實性和準確性受到一定影響。當建設人民幣跨境支付系統時，應考慮其拓展性，考慮聯結RCPMIS系統的可行性，實現以系統採集替代人工申報，提高資料的精准度，並通過系統連接實現人民幣跨境支付資訊共用機制。CIPS與RCPMIS可採用系統對接方式直接將人民幣跨境收付資料傳輸至RCPMIS系統，從而節省商業銀行人工作業成本，保證資料的完整性和準確性，並即時將相關資料上報央行，供決策部門參考。

第三，建立和完善支付糾紛處理的制度，引入專業仲裁，及時、公正地解決人民幣跨境清算糾紛。[2]根據《中國人民銀行法》第二十七條的規定：「中

1　楊文堯天。人民幣跨境結算風險與法律規制.跨境電商與創業文摘，2016(9)。
2　毛術文。人民幣國際化清算法律問題探析。現代經濟探討，2015(3)。

國人民銀行應當組織或者協助組織銀行業金融機構相互之間的清算系統，協調銀行業金融機構相互之間的清算事項，提供清算服務。」該規定為中國人民銀行協調銀行間的清算糾紛提供了法律依據，但對於銀行與支付結算消費者之間糾紛的處理方面，中國人民銀行與其他部門職責劃分並不清晰，缺乏制度化的支付結算服務糾紛解決機制。制定具有最終性的轉移和結算債務的規定、糾紛解決辦法等，能夠使支付系統在結算最終性、支付軋差、結算和抵押品安全方面得到健全的法律保護，即使在違約情況下，也能確保結算的確定性和控制系統範圍內的損失。為適應人民幣充分國際化所需要的清算系統，必須是一個法治系統。

3.構建境外人民幣清算網路發展的法律制度

第一，提升人民幣國際清算規則的法律位階。人民幣跨境清算的有關規定大多分散在規章、規範性檔中，具體包括：（1）規範支付結算系統的《中國人民銀行辦公廳關於印發〈大額支付系統業務處理辦法（試行）〉、〈大額支付系統業務處理手續（試行）〉及〈大額支付系統運行管理辦法（試行）〉的通知》（2002 年 9 月 9 日銀辦發〔2002〕217號）、《中國人民銀行辦公廳關於印發〈小額支付系統業務處理辦法（試行）〉、〈小額支付系統業務處理手續（試行）〉、〈中國現代化支付系統運行管理辦法（試行）〉的通知》（2005 年 11 月 5 日銀辦發〔2005〕287 號）。（2）規範支付結算准入資格的《中國人民銀行關於印發〈銀行業金融機構加入、退出支付系統管理辦法〉（試行）的通知》（2007 年 10 月 22 日銀發〔2007〕384 號）。（3）規範資訊管理的《中國人民銀行辦公廳關於印發〈支付執行資訊系統管理辦法〉（試行）的通知》（2007年 4 月 17日銀辦發〔2007〕100號）。（4）規範結算業務制度的《中國人民銀行關於印發小額支付系統通存通兌業務制度辦法和工程實施計畫的通知》（2007 年 6 月 22 日銀發〔2007〕203號）。由於規範支付清算行為的規範性檔位階較低，在發生糾紛引發訴訟時，實際造成了法律適用的不確定性，中國人民銀行規範性檔的管理意圖根本無法實現，嚴重增加了支付結算法律環境的不確定性。這與《重要支付系統核心原則》中規定的「系統

的制度辦法應當是可以強制執行的而且其後果是可預見的」這一要求本身就是相悖的。應該將這些分散的法規上升到法律層次，明確支付系統運行的主體、准入資格以及法律權責。可以參考美國在此方面的立法，美國支付系統遵循統一的立法，各州在支付系統範圍內，都採用《統一商法典》的 4A 條款。[1]

《跨境貿易人民幣結算試點管理辦法》及實施細則正式公佈後，商業銀行在開展跨境人民幣結算業務過程中仍然會遇到具體業務流程操作規範缺失問題，容易出現不合規操作。此外，還存在中央和地方以及各地方政府有關部門出臺的相關規定不統一或者重複問題，導致執行中的混亂。以《境外機構境內人民幣銀行結算帳戶的管理辦法規範》為例，中國人民銀行上海總部和總行支付司前後出臺了兩個管理辦法，其中關於通過該帳戶進行人民幣購售的相關規定不盡相同。[2]

第二，通過雙邊協議、備忘錄等形式積極構建離岸人民幣支付和結算體系的監督管理機制。

第三，利用支付清算協會、中方控股的國際組織等加強與境外銀行的合作，通過簽署合作框架或協定等形式，弱化中國人民銀行作為政府機構在推進境外人民幣清算網路中可能給外國帶來的威脅感。

8.3　加強人民幣跨境交易稅收制度建設

8.3.1　人民幣跨境交易方式

目前，跨境人民幣業務主要包括貨物貿易、服務貿易、其他經常專案人民幣結算、資本項下境內外直接投資人民幣結算以及人民幣同業往來、境外機構人民幣結算、跨境人民幣購售、跨境人民幣同業融資、貿易融資、跨境人民幣擔保和境外項目人民幣貸款等。主要有以下幾種：

1　舒雄。人民幣跨境結算支付系統制度安排的缺陷及其完善。新會計，2011(6)
2　陳琰。跨境人民幣結算業務現狀、問題及展望——以上海地區為例.新金融，2010(12)。

（1）經常項下跨境交易。跨境人民幣結算是指將人民幣直接使用於國際交易，進出口均以人民幣計價和結算，居民可向非居民支付人民幣，允許非居民持有人民幣存款帳戶。跨境人民幣結算通常有兩種操作模式，一種是代理模式，另一種是清算行模式。CIPS（一期）上線以後，逐漸切換到以 CIPS 為主的清算行模式，並分為貿易項下、非貿易項下跨境收支。

（2）個人跨境交易。按照現行跨境人民幣政策，結算銀行可辦理個人項下貨物貿易、服務貿易、直接投資（境外個人新設或併購境內企業、境內個人向境外投資者轉讓境內企業股權）、其他投資（境外個人同名匯入及原路退款）等跨境人民幣收支業務。

（3）跨境擔保。跨境擔保分為三類：內保外貸（擔保人註冊地在境內，債務人和債權人註冊地均在境外）；外保內貸（擔保人註冊地在境外，債務人和債權人註冊地均在境內）；其他形式的跨境擔保（如內保內貸）。

（4）全口徑跨境融資。它包括的範圍從最早的外債到跨境人民幣貸款，再到跨境人民幣借款和境外融資，實質都是通過債權方式從境外獲得融資。

（5）直接投資（FDI和ODI）。境外企業在中國國內的綠地投資和併購交易以及境內企業進行海外的綠地投資和併購交易。

（6）資本項下QFII和RQFII從事的人民幣跨境交易。

（7）銀行間市場。銀行間同業拆借市場中的人民幣清算和同業拆藉以及境外參加行、海外清算行及境外央行在中國人民銀行審批的額度內投資銀行間債券市場。

（8）雙向資金池業務。跨境雙向人民幣資金池是指跨國集團根據企業經營和管理需要，在境內外非金融成員企業之間開展的跨境資金的餘缺調劑和歸集的業務，屬於企業集團內部的經營性融資活動。跨國公司在境內外都有股權關聯公司或子公司，可以選擇一家關聯公司在境內銀行開立人民幣專用帳戶，用於人民幣資金的歸集。所有關聯企業資金流向該「專用帳戶」稱之為「上存」，所有資金從該資金池流（借款）向關聯企業被稱為「下劃」。該業務可以實現境外人民幣合法合規地流向境內，或境內人民幣合法合規地流向境外。

（9）資本項下人民幣向境外支付。它主要包括QDII的境外投資活動、境外放款及個人境外投資。

（10）海外投資基金企業。這是以有限合夥的形式設立私募基金（海外投資基金企業），且管理人為外資背景（資產管理排名較為靠前，如前100名）。募集到的資金投資於海外二級市場。

8.3.2　人民幣跨境交易涉及的稅收問題

稅收來源於包括人民幣跨境交易在內的經濟活動，但不是所有的人民幣跨境交易行為都是應稅行為。這裡只分析幾種常見交易的涉稅問題。

1.跨境直接發債

從稅務角度看，債務融資資金使用方通過債務融資所支付的利息支出，在計算資金使用方的企業所得稅時可以進行稅前扣除；股權融資中資金使用方支付的股息，屬於資金使用方從其稅後利潤中支付給投資方的收益，不能在計算資金使用方的所得稅時進行稅前扣除，這是與股權融資的最大區別。因此，同等條件下債務融資具有稅盾效應，相對股權融資而言，對資金使用方更有利。但是為了防止納稅人不合理地使用債務融資規避所得來源國稅收，許多國家都制定了一系列稅務規則來限制資金使用方稅前可扣除的利息，如中國企業所得稅制度中的資本弱化規則等。

境內企業直接在境外發行債券本身並不會產生任何稅務問題，但隨後境內債務人計提及向境外債權人支付利息時，雙方都應遵守中國稅法的相關規定。根據《企業所得稅法實施條例》的規定，境內企業經批准發行債券的利息支出，可以在計算其應納的企業所得稅時扣除。同時，境外企業從境內獲得的利息收入需要繳納10%預提所得稅以及6.72%左右的增值稅金及附加（營改增後）。根據《國家稅務總局關於印發〈非居民企業所得稅源泉扣繳管理暫行辦法〉的通知》（國稅發〔2009〕3號）的規定，境內融資方在支付利息時，需代扣代繳境外債權人的應納稅款。

如果境外債權人是與中國簽訂有雙邊稅收協定或安排的國家或地區的稅收

居民，且該稅收協定或安排對利息收益規定了優惠稅率（如根據中國內地和香港的稅收安排，利息所得的預提所得稅稅率為7%），則在該債權人滿足稅法規定的「受益所有人」要件的情況下，可以申請稅收協定優惠待遇。

2.對外直接投資（ODI）

一般來說，包括人民幣對外投資的跨境投資既要承擔東道國的稅收，也要承擔來源國的稅收。對同一納稅人或不同納稅人的跨境所得，如果來源國和東道國同時行使徵稅權，就會造成重複徵稅。特別是，為了消除國際雙重徵稅，中國和其他國家地區一樣，對本國納稅人在境外繳納的稅款給予外國稅收抵免。為了消除國際雙重徵稅和防範國際逃避稅，保障納稅人的權益，目前我國和全球102個國家和地區簽署了全面的稅收協定，並和香港、澳門簽署了稅收安排，與臺灣簽署了避免雙重徵稅的協定。在滿足一定條件的情況下，投資者的相關所得可以在來源國獲得免稅地位，或者可以享受稅收協定的優惠稅率。

3.跨境雙向人民幣資金池

這種交易涉及印花稅、企業所得稅、增值稅及預提所得稅。

（1）印花稅。銀行及其他金融組織和借款人（不包括銀行同業拆借）所簽訂的借款合同，按借款金額的萬分之零點五貼花，納稅義務人為立合同人。凡委託金融單位貸款，金融單位及使用單位簽訂的借款合同應按規定貼花。在代理業務中，代理單位與委託單位之間簽訂的委託代理合同，凡僅明確代理事項、許可權和責任的，不屬於應稅憑證，不貼花。根據上述規定，在委託貸款協議中，應當由銀行與借款方分別就貸款金額按照「借款合同」稅目計稅貼花，委託方由於不是借款合同的當事方，可以不貼花。由於資金池業務中存在著雙向委託貸款關係，所有的參與企業都可能是委託貸款的提供者或委託貸款的需求者，因此，所有的參與方（包括銀行）在簽訂資金池主協定時，都應該按協定規定的循環貸款額度計稅貼花。

（2）企業所得稅。居民企業所得稅稅率為25%，非居民企業所得稅適用稅率為20%，《企業所得稅法實施條例》對借款利息的企業所得稅稅前扣除有明確規定，非金融企業向非金融企業借款的利息支出，不超過按照金融企業同

期同類貸款利率計算的數額的部分准予扣除。如果屬於關聯企業之間的交易，借款利息在所得稅扣除時還要遵守限額規定，超過規定比例支付的利息不得在發生當期和以後年度扣除。

（3）增值稅。資金池項下不同法人之間的委託貸款利息屬於各種佔用、拆借資金取得的利息及利息性質的收入，應當繳納增值稅，稅率是6%。資金池項下的委託貸款利息收入是委託貸款出借方的利息收入，由此產生的銷項稅應與企業所要繳納的銷項稅合併計算當期的銷項稅，在扣除當期的合併進項稅以後向稅務機關繳納增值稅。貸款服務的進項稅額不得從銷項稅額中抵扣，即資金池帳戶借入委託貸款所支付的利息和獲得的增值稅發票，不可以作為進項稅抵扣。

（4）預提所得稅。由於跨境資金池涉及跨境資金轉移，企業可能需要為跨境利息支付承擔較高的預提所得稅。從境外借入資金產生的利息支付需要考慮境內繳納的預提所得稅，目前境內繳納的預提所得稅的稅率為10%，不同國別是否可享受稅收協定待遇的優惠稅率，需要相關稅務機關確認。同時，對外借出資金產生的利息收入需要考慮境外繳納的預提所得稅，需參考境外參與公司所在國的預提所得稅稅率及是否有稅收優惠政策等多種因素。

4.內地與香港證券投資基金跨境發行銷售資金

互認基金被視為內地金融市場自由化的又一個重大進展，將為內地以及香港投資者提供更多投資選擇以及更多層次的資本市場投資管道。然而，財政部或國家稅務總局尚未發佈相應的稅務法規以明確互認基金的稅務處理。通常，根據中國的稅務法規，在內地設立的證券投資基金及其投資者可適用以下稅務優惠待遇：證券投資基金從證券市場中取得的收入，包括買賣股票、債券的差價收入，股權的股息、紅利收入，債券的利息收入及其他收入，暫不徵收企業所得稅。運用基金買賣股票、債券的差價收入暫免徵收增值稅。企業投資者從證券投資基金分配中取得的收入，暫不徵收企業所得稅。對個人（包括個體工商戶及其他個人，下同）從事外匯、有價證券、非貨物期貨和其他金融商品買賣業務取得的收入暫免徵收增值稅。此外，證券投資基金從內地股票和企業債

券發行方取得的股息、債券的利息收入將被扣繳個人所得稅,其中股息將根據持有期限按5%、10%、20%的稅率扣繳個人所得稅;利息按20%的稅率扣繳個人所得稅。目前尚不能確定以上稅收優惠政策是否將適用於互認基金。

8.3.3 完善人民幣跨境交易稅收制度的建議

稅收是影響生產要素跨境流動的重要因素。越是流動性強的要素(如資本)對稅負尤其是稅率越敏感。稅收作為調節經濟活動的槓桿,可以起到抑制或鼓勵某些經濟活動的作用,影響納稅人行為決策。為了擴大人民幣跨境交易,推動人民幣國際化,我們建議:

(1)完善跨境交易的國內稅收法規,明確相關規定。例如,應該制定互認基金的稅收政策,特別是明確稅收優惠政策等。

(2)消除某些跨境交易的雙重徵稅問題。合格境內有限合夥人(QDLP)中的有限合夥投資既要按照境外國家稅法繳納相關稅收,還要依照國內稅收規定繳納所得稅,造成雙重徵稅,阻礙了這種交易的發展。因此,為了支援人民幣跨境交易,建議對包括這種交易在內的境外所得豁免境內所得稅。在外國投資抵免方面,實行靈活的處理方法,允許企業在分國限額法和綜合限額法下相機選擇。

(3)加快稅收協定網路建設,積極對現行的雙邊稅收協定進行修訂,積極爭取在跨國投資所得上明確股息、利息等定義、來源地認定規則和徵稅方法,力爭降低收入來源國的稅率。

8.4 徵信與信用評級

人民幣國際化必然要求信貸市場和證券市場擴大對外開放。中資金融機構增加對國外企業的信貸,吸引更多的境外投資者在中國國內金融市場或離岸金融市場從事投資和交易活動,有利於推動人民幣從結算貨幣到交易貨幣再到儲

備貨幣的轉變。此舉很大程度上依賴於中國徵信與信用評級等基礎設施建設，因為公正客觀的徵信與信用評級機構、科學的徵信與信用評級方法是幫助金融機構和投資者甄別信用風險的關鍵因素。儘管中國在徵信與信用評級基礎設施建設方面取得了一些成績，但與促進信貸市場和債券市場對外開放、充分發揮人民幣交易功能的需求之間尚存在差距。需要在人民幣國際化的背景下，基於如何促進人民幣交易功能的提升，研究加強中國的徵信與信用評級基礎設施建設的思路。[1]

8.4.1 發展中國徵信與信用評級基礎設施的意義

金融基礎設施是支持金融可持續發展的重要條件，因此徵信與信用評級體系的發展與信貸市場和債券市場的發展休戚相關。在人民幣國際化的背景下，良好的徵信與信用評級體系能夠從三個方面促進人民幣交易功能的發揮：第一，良好的徵信與信用評級基礎設施能夠為國內信貸市場和債券市場提供客觀準確的評價標準，進而吸引境外投資者進入；第二，中資金融機構到人民幣離岸市場發放貸款需要徵信的依託，人民幣離岸債券市場的發展需要信用評級的依託，因此良好的徵信與信用評級基礎設施也能促進人民幣離岸市場信貸和債券投資；第三，國內徵信與信用評級機構的成熟發展與良好聲譽有利於中資評級機構開拓海外市場，有助於中國參與國際徵信與信用評級標準的制定，間接推動人民幣國際化進程。

1.完善徵信體系建設的意義

完善徵信體系建設有利於促進人民幣在信貸市場發揮交易功能。一方面，中國金融機構會向境外企業提供貸款，當前境內銀行提供的業務主要為買方信貸業務和內保外貸業務。買方信貸業務是指出口方銀行直接向買方提供貸款，買方包括進口商、進口方銀行或進口國政府機構，是國外進口商得以即期支付本國出口商貨款的一種融資方式。在評價買方信用狀況時，出口方銀行除了依

---

1 根據研究需要，我們只考察針對主權信用和企業的徵信與信用評級。

據貿易項目外，更多地要依靠買方的徵信記錄。如果國內徵信機構和國外徵信機構能夠實現對接，將大大提高徵信資訊的使用效率。內保外貸業務是指境內銀行為境內企業在境外註冊的附屬企業或參股投資企業提供擔保，由境外銀行給境外投資企業發放相應貸款。因此，境外企業獲得貸款主要依靠境內母公司的信用狀況和境內銀行的擔保。成熟完善的徵信機構能夠幫助境內銀行更好地掌握境內母公司的信用狀況，且當國內徵信機構在國際市場上有良好的信譽品質時，其提供的徵信報告更容易得到境外銀行的認可，有利於促進內保外貸業務的發展，為國內「走出去」企業解決境外融資困難問題。

另一方面，中國企業也需要境外貸款，目前主要有外保內貸、跨境直貸兩種業務。外保內貸也需要國內金融機構與國外徵信機構的對接。跨境直貸主要發生在人民幣離岸交易市場，由於其資金成本低於境內資金成本，跨境直貸不僅可以幫助國內企業降低融資成本，還能為離岸市場人民幣找到投資管道。因此，有較高認可度的國內徵信機構提供的徵信報告可以幫助國內企業獲得貸款，促進離岸人民幣市場的發展。

2.完善信用評級體系建設的意義

在促進人民幣國際化方面，完善信用評級體系建設主要是服務於債券市場。信用評級體系建設的重要性也可以從兩方面來看。一方面，國內企業到國外發債，為了得到國外投資者的認可，國內企業都要選擇國外權威評級機構進行評級，但國外評級機構對中國市場的認識不足，國外評級機構一直沒有根據中國國情改變對中國企業的評級標準，例如對政府背景企業、國有企業和中國地方政府債券等的信用等級認定就沒有考慮中國國情，因此加大了國內企業的融資成本。

根據協力廠商資料公司Dealogic的統計，2016年境內企業發行的美元債高達1 271.4億美元，創下自2007年以來的第二高點，僅次於2014年1 400.6億美元的高峰，同比增長20%。如果國內信用評級機構能夠得到國際市場的認可，就能夠獲得國際評級資質，那麼國內企業在發行離岸人民幣債券過程時就可以選擇國內評級機構，國內評級機構對國內企業的信用狀況更加熟悉和了解，評級

結果會更加準確且能為國內企業降低融資成本。但目前中國關於境外人民幣債券評級方面的法律法規尚待健全和完善，目前只有大公國際一家機構獲得了歐洲信用評級資質，中國本土的信用評級機構急需加快國際化步伐。

另一方面，隨著中國債券市場進一步對外開放及人民幣國際化進程的加快，截至2016年年底，熊貓債發行了600多億元人民幣，包括世界銀行也在中國發行了以SDR計價的債券。由於熊貓債的發行主體為境外機構，國內評級機構在評級過程中可能會遇到一些以往未曾遇到的問題，如何準確識別熊貓債的信用風險特徵，制定差異化的信用評級標準，成為國內評級機構迫切需要解決的問題。對熊貓債評級的準確性不僅影響著境外機構到中國債券市場發行債券的意願，還會影響國內投資者的判斷，從而影響熊貓債的規模，進而影響到人民幣在國際市場的投資功能和儲備功能。

8.4.2　中國徵信與信用評級基礎設施發展現狀

1.中國企業徵信機構及業務發展現狀

第一，徵信市場相對分散。目前中國的徵信市場還是一片待開發、待規範的藍海。當前，工商註冊資訊庫顯示，市場上與「徵信服務」相關的公司有2 000家左右，但完成央行備案的企業徵信機構僅有135家，主要分佈在北京（40家）和上海（34家），有資質的徵信機構占整個徵信市場的比例不到5%。當前徵信系統重複建設不可避免，但徵信服務具有明顯的自然壟斷屬性和雪球效應，例如美國成熟的徵信市場是高度集中的，未來中國徵信業必然經歷併購整合，以提高行業水準。

第二，客戶覆蓋不足。截至2014年年底，企業徵信系統接入機構數為1 724家，接入小微型金融機構1 179家，截至2016年4月底，中國人民銀行金融信用資訊資料庫共收錄企業及其他組織2 146萬戶，僅597萬戶有信貸記錄，尚有一定數量的中小企業不能獲得央行徵信。

第三，資訊管道隔閡。目前中國徵信業形成了三大徵信體系：金融徵信體系、行政管理徵信體系和商業徵信體系。三大體系徵信資料還未實現互聯互

通，中國的大部分商業徵信機構是伴隨著大資料的發展與應用成長起來的，大資料能夠大幅降低徵信成本，但由此帶來的資訊安全問題和資訊孤島問題仍需解決。徵信的基礎是資訊搜集及信用報告輸出，未來徵信機構應當能夠依據搜集的資料開展衍生業務，如市場行銷、決策分析、信用服務等。

相較於國際領先水準，中國的徵信體系發展還存在不小的差距。美國的徵信體系分為機構徵信和個人徵信，普通企業徵信機構有鄧白氏（Dun & Bradstreet）等，而個人和小企業信用機構以Experian、Equifax、Trans Union為核心，這些徵信機構之間既相互合作，又憑藉各自的產品差異形成競爭，其餘400多家區域性或專業性機構都是依附於這些機構，或者向其提供資料。

2.中國資本市場信用評級行業發展狀況

中國信用評級行業的市場結構總體呈壟斷競爭局面，不同的評級機構業務各有側重。當前中國只有10家信用評級機構從事債券市場評級業務，其收入、人員、業務規模相對較大，其餘從事信貸市場評級業務。2004年以後，國內債券品種得到較大程度的豐富，評級業務種類逐漸增多，評級機構收入增長加快。圖8—4展示了各信用評級機構在信用債主體評級業務中的占比。其中，市場份額最大的是中誠信國際信用評級有限責任公司，占比18%，其次是中債資信評估有限責任公司，占比16%，緊接著的是占比14%的聯合資信評估有限公司。市場份額最小的是上海遠東資信評估有限公司，占比不到1%。

表8—2展示的是2016年1月1日至2016年12月6日10家評級機構在各類信用債和金融債債項評級中的業務量。由表8—2可知，鵬元資信在企業債中所占市場份額最大，在短期融資券評級業務中，中債資信業務量最高，在中期票據評級業務中，中誠信國際信用占比最大，在公司債評級業務中，聯合信用所占市場份額最高，中誠信國際信用和聯合資信在金融債評級業務中占比較高。

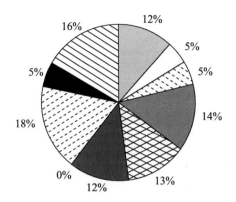

大公國際資信評估有限公司　　　□ 東方金城國際信用評估有限公司

聯合信用評級有限公司　　　　■ 聯合資信評估有限公司

鵬元資信評估有限公司　　　　■ 上海新世紀資信評估投資服務有限公司

上海遠東資信評估有限公司　　 中誠信國際信用評級有限責任公司

■ 中誠信證券評估有限公司　　　 中債資信評估有限責任公司

圖8—4　信用債主體評級業務占比

資料來源：Wind。

表8—2　2016年1月1日至2016年12月6日10家評級機構在各類信用債和金融債債項評級中的業務量

	短期融資券	企業債	中期票據	公司債	金融債	可轉債
大公國際資信	510	1 598	1 302	860	182	0
東方金誠	68	611	114	438	13	2
聯合信用	82	156	97	1 171	129	12
聯合資信	652	1 405	1 595	386	402	2
鵬元資信	23	3 036	43	644	3	2
上海新世紀資信	415	1 013	1 078	599	224	5
上海遠東資信	0	11	0	7	0	0
中誠信國際信用	880	1 688	2 077	345	408	3
中誠信證券	55	221	108	1 074	156	4
中債資信	1 212	738	1 471	610	39	2

各家信用評級機構所占的市場份額不僅與其評級方法、評級結果的準確度等因素有關，還與其資質和合資情況有關，表8—3說明了10家信用評級機構評級資質的概況。中誠信國際信用和聯合資信以戰略投資的方式分別得到了來自穆迪和惠譽的指導和幫助。

表8—3　　10家信用評級機構評級資質

機構名稱	合資情況	評級資質			
		銀行間市場	交易所市場	企業債	保監會
中誠信國際信用	穆迪49%	✓	—	✓	✓
中誠信證券	內資	—	✓	—	✓
聯合資信	惠譽49%	✓	—	✓	✓
聯合信用	內資	—	✓	✓	✓
大公國際資信	內資	✓	✓	✓	✓
上海新世紀資信	內資	✓	✓	✓	✓
東方金誠	內資	✓	✓	✓	✓
中債資信	內資	✓	—	—	✓
鵬元資信	內資	—	✓	✓	—
上海遠東資信	內資	—	✓	✓	✓

總體上看，中國的信用評級機構與國際領先的評級機構尚存差距。全球的信用評級市場結構為寡頭壟斷型，儘管全世界有數百家信用評級機構，但只有10家信用評級機構被認定為美國國家認可的統計評級機構（NRSRO），其中，穆迪、標準普爾和惠譽三大信用評級機構始終佔據主導地位，2014年三大機構的總收入占NRSRO所有評級機構收入的94.3%，且連續四年（2011—2014年）保持在94.0%以上。與國際市場相比，國內信用評級的市場結構也屬於寡頭壟斷型，但集中程度低於NRSRO，由於中國的信用評級市場主要由政府推動建立，且目前尚處於發展初期，所以儘管有聲譽、技術和資質的壁壘，但依然存在很多機會，競爭程度高於NRSRO。

國內信用評級機構與國外成熟評級機構相比，存在著評級方法不成熟、評級經驗與聲譽資本積累較少、市場影響力較小等問題。除此之外，因為長期存

在的剛性兌付現象，各家評級機構在資料的積累和資料庫的建設方面還比較滯後，特別是違約資料的缺乏，使得國內評級機構在統計各信用等級對應的違約概率或違約損失率等重要的評級指標上存在很大不足，與國外存在很大差距。

3.中國主權信用評級發展現狀

主權信用評級是指評級機構對一國中央政府償還其商業債務的能力和意願所作的風險評估。主權信用評級結果不僅是各國政府在國際資本市場籌集資金的敲門磚，也會影響到國內公共或私人機構的信用等級評價。

目前，在主權信用評級業務上有話語權的主要是國際三大評級機構：惠譽、標準普爾和穆迪。而在國內，涉及主權信用評級業務的評級機構有中誠信國際信用、聯合資信和大公國際資信。中誠信國際信用和聯合資信都是外資合資公司，受穆迪、惠譽影響較大，而大公國際資信的主權信用評級方法與傳統主權信用評級方法有所不同。

主權違約史表明主權違約的原因錯綜複雜，傳統的主權信用評級涉及政治、經濟、外部環境、財政和貨幣五個方面的內容。在三大評級機構在2008年金融危機中遭受質疑後以及歐洲國家在遭受主權債務危機後，許多歐洲國家和新興市場經濟國家的評級機構開始探索新的主權信用評級體系以期破除三大機構壟斷。

大公國際資信於2010年7月發表了第一篇中國版的主權評級報告，涉及全球50多個國家，報告首次將中國的信用評級升至美國等西方發達國家之上。通過比較大公國際資信的《50個國家信用等級報告》與三大機構同期的評級結果，可以發現大公國際資信更注重定性分析，更關注一國經濟發展的前景而不以意識形態和政治經濟體制作為劃分標準（見表8—4）。大公國際資信對政治穩定、經濟表現優秀及前景良好的新興市場國家的評級高於三大機構，而對一些經濟發展緩慢、債務負擔日益沉重的發達國家的評級則明顯低於三大機構。

表8—4　　傳統主權信用評級方法

穆迪		標準普爾		惠譽		大公國際資信	
一級	二級	一級	二級	一級	二級	一級	二級
國家經濟的彈性	經濟實力	政治和經濟狀況	政治得分	—	宏觀經濟	基礎性要素	國家管理能力
							經濟實力
	體制實力		經濟得分		結構特徵		金融實力
政府的財政穩定性	財政實力	靈活性和表現狀況	外部得分		公共財政	直接要素	財政實力
	對事件風險的敏感性		財政得分		外部融資		外匯實力
			貨幣得分				

　　雖然目前在主權信用評級業務領域依然是三大評級機構主導，大公國際資信發佈的主權信用評級結果並沒有得到國際的認可，但不可否認這是一種新的嘗試與突破，反映了新興市場國家崛起的決心，國內信用評級機構在主權信用評級領域做出的努力未來一定會產生或多或少的影響，推進主權信用評級方法的改進與創新。

8.4.3　助推人民幣國際化的徵信體系建設發展思路

1.鼓勵公共徵信與市場徵信共同發展

　　公共徵信主要是指政府職能部門、地方政府整合積累多年的行政管理資訊，帶頭建立徵信查詢系統等相關徵信活動；市場徵信主要是指在市場上自發的民營徵信機構以資信調查、信用資訊整合、加工整理報告為主的徵信活動。

　　中國徵信體系建設在起步階段由政府提出徵信體系建設規劃並推動公共徵信建設，之後由各部委牽頭建立徵信資訊查詢系統，同時以足夠的發展空間和扶持政策鼓勵市場徵信發展。

　　隨著企業徵信和個人徵信牌照的發放，市場徵信已經進入快速發展階段，當前正是需要進一步放寬政策，鼓勵公共徵信與市場徵信齊頭並進的時候，採

取寬鬆的產業政策有利於中國徵信業快速發展壯大。

2.實現徵信資訊互聯互通

目前，公共徵信和市場徵信都存在資訊孤島問題，各家徵信機構僅使用自己的資料進行信用評價，這樣難免會存在資料不充足、評價維度單一等問題，最終導致各家機構對同一家企業或同一個人的信用評價結果差距過大等問題。

要解決資訊孤島問題，各徵信機構應儘快實現互聯互通。對於政府徵信機構，可以建立國家級和省部級交換平臺，並出臺國家級和省部級徵信交換平臺管理條例及相關檔，有計劃、有步驟、強制性地要求各個職能部門與地方政府的徵信資料在平臺上進行交換。對於市場徵信機構，可以建立徵信行業協會，各徵信機構在行業協會中註冊為會員，定期向行業協會披露資訊，行業協會將所有資訊分類整理成徵信資訊資料庫，會員有權查看徵信資訊資料庫中的各類資訊。

此外，我們還應加強國內徵信機構和國外徵信機構對接。中國金融機構對外國企業貸款，對它們了解比較少，如果國外的徵信機構能出具徵信報告並且為我所接受，則會大大提高效率，這就需要國內金融機構和國外徵信機構對接。如果外國金融機構對中國企業貸款，中國的徵信機構可以出具報告，並且出具的報告能夠為對方接受，也將提高效率。對於雙方互聯互通的問題，中國要加強對外宣傳，提高中國徵信機構的公信力。

3.加強監管，注重資訊保護

市場對信用資料越來越重視，但靠搶、捂、買、賣等急功近利的方式獲取信用資訊是違反徵信業務規則的，完全沒有尊重信用主體的資訊保護權利，這種行為本身就是在破壞信用環境和信用秩序，不利於社會信用體系建設。

企業和個人的信用資訊與資料是企業和個人的信用資產，在未經許可與授權的情況下隨意買賣信用資訊與資料是不正確的行為，應該通過立法保護企業和個人的信用資訊。被徵信者有權利保護自己的信用資料不被濫用，監管者要加強對資料的保護，維護企業和個人的隱私，明確可採集的資訊類型，強化對互聯網資料的監管，引導市場正確使用信用資料，維護市場公平交易。同時，

要加強對各徵信機構業務規範的監管，明確徵信機構准入和退出標準，確定徵信從業人員的考核管理辦法。

4.專業機構應強化業務能力，提升信用文化

目前徵信行業存在著業務水準良莠不齊的現象，在徵信體系建設的過程中，專業機構應注重強化內功，同時還應該注意培養機構內部信用文化，機構的內部文化指導著機構的徵信業務活動，只有徵信機構真正尊重信用，才能為社會提供高品質的徵信產品。

除徵信機構外，大眾更應該提升信用意識，政府應該建立健全以徵信資訊為基礎的失信懲戒、守信獎勵的具體管理辦法規範大眾行為，以此引導社會公眾提高信用意識，改善社會信用環境。

8.4.4 助推人民幣國際化的信用評級體系建設發展思路

1.加快法律體系建設

中國評級機構監管沒有專門的法律、法規檔，針對評級機構的部門規章和指導性意見等規範性檔的法律地位不高。法規體系建設的滯後不僅會造成對評級機構的監管不足，致使信用評級行業屢見不規範運行和不正當競爭現象，還會導致整個行業缺乏業務指導規範，良莠不齊的行業現狀使得評級機構的公信力不高。除此之外，由於缺乏法律法規支持，相關獎懲機制不明確，難以規範業務發展和行業秩序。因此，加快法律體系建設能夠引導國內評級行業快速發展，建立規範的信用評級市場秩序。

2.加大整合力度，避免同質化惡性競爭

中國信用評級市場應加大整合力度，促進市場集中、優勝劣汰，各信用評級機構在競爭中也應注重發展業務優勢，避免同質化惡性競爭。儘管當前國際評級市場由三大評級機構壟斷，但高品質的中資評級機構仍應不斷提高業務水準，積極促進人民幣發揮交易功能，乘著人民幣國際化的大流，力爭躋身世界頂尖評級機構行列。

3.評級機構依據中國市場特徵制定評級標準

中國的信用評級機構制定評級標準、研究評級方法時不能一貫使用發達國家評級機構的評級方法，應結合中國國情研究使用適合中國市場的評級標準與方法。同時，對於在華髮債的外國公司，應該以中國市場為評價基礎制定評級標準，而不是單純採用國外評級機構的已有評級標準。除此之外，為推動評級機構國際化以及更好地服務人民幣國際化，中國評級機構應加強與國際信用評級機構的合作，積極融入國際社會，爭取在國際信用評級市場上的發言權，參與國際評級標準制定。

4.評級機構加強自身建設

國內評級機構應加強內部治理、提高專業水準，不斷積累聲譽資本。在剛性兌付被打破後，各家評級機構應該注重資料的積累和資料庫的建設，特別是違約資料的搜集，完善對各信用等級對應的違約概率或違約損失率等重要的評級指標的統計。中資評級機構也要加強國際化，提高評級結果公信力，力爭得到各國監管機構的認可，獲取國外信用評級資質，開拓海外市場，助力人民幣國際化。

第九章

結論與建議

9.1　主要結論

　　結論1：人民幣國際化進入調整期，貿易結算驅動力放緩。美元強勢回歸，人民幣國際化外部環境嚴峻。然而，加入SDR後的制度紅利開始顯現，人民幣國際金融計價交易職能增強，對外直接投資、熊貓債、離岸貸款成為新的推手。

　　2016年，人民幣國際化步伐有所放緩，由高速增長階段邁入市場調整期。2016年第四季度人民幣國際化指數為2.26，出現短期回落，長期勢頭向好。美國大選導致不確定因素增多，美聯儲加息攪動國際市場，資本大量回流美國，人民幣國際化的外部環境更加嚴峻。國內經濟增速放緩，結構性轉型任務突出，特別是「8‧11」匯改後匯率承壓、資本項下政策趨嚴，在一定程度上影響了人民幣的國際使用意願。2016年，人民幣全球支付金額下降29.5%，國際支付貨幣排名由第五位回落至第六位。然而，人民幣國際化出現短期波動，是「波浪式前進」「螺旋式上升」的正常現象。儘管貿易項下人民幣國際化驅動力有所減弱，但加入SDR後的制度紅利開始顯現，突出表現為人民幣國際金融計價交易職能進一步增強，在對外直接投資、熊貓債、離岸貸款、外匯交易等領域頻現亮點。2016年，中國經濟增速居於全球首位，連續保持貨物貿易第一

大國地位，吸收外資金額全球第三，宏觀基本面向好，改革進程不斷深化，對外開放構築新格局，為人民幣國際化長期發展奠定堅實基礎。隨著人民幣正式加入SDR貨幣籃子，人民幣開始邁向國際貨幣行列，儲備職能顯著提升。

全球政治和經濟格局動盪，復甦態勢出現分化，「黑天鵝」事件頻現，主要貨幣地位此起彼伏。美國經濟呈復甦態勢，通脹水準上行，就業市場表現持續改善，美聯儲加息與川普效應推升美元走強，牽引全球金融走勢與資本流動。2016年第四季度，美元國際化指數達54.02，同比上升0.89%，在全球動盪中貨幣霸主地位進一步鞏固。歐洲經濟與政治風險顯著上升，歐元與英鎊地位劇烈波動。歐元區經濟總體向好，但內部結構性問題依然突出，負利率加劇銀行業困境，民粹主義、難民危機、英國脫歐為歐元區復甦與一體化進程投下陰霾，利空歐元前景與市場信心。英國經濟表現相對穩定，但脫歐進程仍具有諸多不確定性，致使英鎊在歷史低位徘徊。然而，2016年第四季度以來歐洲經濟復甦加快，外資大量湧入，助推歐元在大幅下挫後有所回升。日本經濟復甦步伐緩慢，政策迴旋空間有限，但在全球金融市場動盪的背景下，日圓避險貨幣特徵愈加凸顯。2016年第四季度，日圓國際化指數達4.26，同比上升5.45%，國際貨幣地位大幅走高。

結論2：強化人民幣金融交易功能具有現實緊迫性。歷史經驗表明，發展金融市場是控制貨幣國際化過程中金融風險的關鍵，能夠增強貨幣政策有效性，緩衝投機性資本流動，維持外匯市場的穩定。國際金融市場是一個相互聯繫的整體，推動人民幣國際化過程中必須遵循市場發展規律，短期重視貨幣市場，中期發展債券市場，進而推動多層次股權市場，形成完善的人民幣計價市場。

從歷史經驗來看，對外貿易是推動貨幣國際化的關鍵。然而2016年跨境貿易結算中人民幣占比出現較大份額的下滑，以貿易推動人民幣國際化發展似乎進入了一個瓶頸期，人民幣流動性的波動、人民幣匯率的貶值和人民幣回流機制的不通暢，制約了人民幣在跨境貿易結算中的使用。此時，需要發展和完善人民幣金融市場，提升人民幣在國際金融交易中的地位。金融市場是連接政策和實體經濟的橋樑，發達的金融市場不僅是化解國際化貨幣發行國「三元悖

論」的關鍵，還能增強貨幣政策的有效性，進而緩衝投機性資本流動、維持外匯市場的穩定。

結合日圓、德國馬克、歐元的國際化進程的例子，在對多個國際金融市場進行實證分析中可以看到，在國際金融市場的發展中，短期重視貨幣市場，中期發展債券市場，進而推動多層次股權市場，形成完善的人民幣計價市場，是比較可行的發展路線。國際貨幣市場是一個短期進行資金流動性管理的市場，是其他金融市場的基礎。在國際貨幣市場有一定的份額後，拓展在國際債券市場中的份額是發展國際金融市場的下一個突破口。進而推動多層次的股權融資市場一方面增加了資本市場深度，也加強了市場對人民幣融資的認識，豐富了人民幣計價資產的規模和範圍。另外，國際金融市場是一個大整體，要重視市場之間的聯繫，深化金融市場發展，推動人民幣國際化。

沒有完善金融市場的貨幣國際化將帶來災難。人民幣使用規模的擴大伴隨著資本流動規模的加劇，金融機構的經營壓力和風險管理壓力、監管機構的監管壓力都會加大，沒有完善的金融市場容易在短期資本的衝擊下引發金融危機。但在推動金融市場發展，提升人民幣金融交易功能的時候，需要注意時間的選擇，逐步推進。

結論3：直接投資對中國發展成為經濟、貿易第二大國做出了積極貢獻，實證研究表明，ODI對中國經濟增長的推動作用遠大於FDI。在跨國公司主導國際貿易的新形勢下，擴大直接投資可鞏固中國的貿易地位，並為中資金融機構「走出去」、發展離岸人民幣業務提供市場和強大的動力。直接投資能夠多管道擴大人民幣使用範圍，可發揮高效的槓桿作用，是推動人民幣國際化的重要力量。挑戰則來自國家風險、貨幣慣性和網路效應，以及企業、銀行、政府尚未形成推動人民幣國際化的合力。

中國已經發展成為重要的全球直接投資大國，既是發展中國家最大的外資吸收國，又是新興的對外直接投資大國。2015年中國對外直接投資流量達1 456.7億美元，占全球流量的9.9%，同比增長18.3%，排名位居世界第二。隨著「一帶一路」倡議的深入開展，沿線國家漸成為中國對外直接投資新熱點。

直接投資有利於夯實人民幣國際化的經濟基礎。我們的實證研究表明，直接投資對於促進中國經濟的可持續發展具有積極作用。外商直接投資主要通過資本積累效應、技術溢出效應、貿易效應等管道促進中國的經濟增長。而對外直接投資對中國經濟增長的貢獻主要體現在生產要素配置效應、產業結構優化效應以及資本積累效應等方面。無論是外商直接投資還是對外直接投資都能促進中國的經濟增長，但是，二者的經濟效應具有明顯的差異，對外直接投資對中國經濟增長的推動作用遠大於外商直接投資。

直接投資在促進經濟增長的基礎上有利於鞏固中國的貿易地位。實證研究還表明，中國對外直接投資產生了顯著的貿易效應，促進了雙邊貿易額的增長，為進一步擴大貿易人民幣計價結算打下了良好基礎。經濟結構不斷優化，貿易轉型升級，特別是對外投資規模擴大，使得中國逐步由貿易大國轉變為貿易強國，進而在貿易談判中擁有更大的定價權、主動權，這就為中國的跨國公司選擇人民幣進行貿易計價結算提供了必要條件。

中國企業的對外投資與金融機構的國際化相伴而行，兩者具有互相促進、共同發展、合作共贏的特徵。從實體經濟角度看，對外投資及其拉動的國際貿易必然增加跨境支付結算、投融資、現金管理需求，這就為中資金融機構走出去、發展跨境人民幣業務提供了市場，同時也為人民幣離岸市場發展注入了源源不斷的動力。與此同時，中資金融機構為了實現業務國際化、收入管道多元化目標，加大對外投資、增加海外網點、產品及服務能力，一方面為中國跨國企業開拓國際市場、贏得競爭力提供關鍵的支撐和保障，另一方面也為人民幣在金融交易、貿易結算中的擴大使用創造條件。可見，金融機構對外直接投資具有多重經濟價值和意義，在促進自身國際化發展的同時支援實體經濟企業國際化經營，尤其是兩者協調發展，互相借力，共同成為推動人民幣國際化的加速器和催化劑。

目前，制約境外人民幣使用及持有規模的一個重要因素是，離岸市場人民幣品種較少，投資管道不足，人民幣資產的保值增值功能不強。其中，直接投資使用人民幣的通道較窄而且不夠順暢，一定程度上壓抑了境內外微觀主體持

有人民幣的積極性和動機，使得離岸人民幣的現實需求增長緩慢，外資金融機構接受和開展離岸人民幣業務的動力較弱。

當然，發展中國直接投資並以此促進人民幣國際化面臨巨大的挑戰：（1）中國的對外投資主要集中在亞洲，面臨較高的國家風險，地緣政治衝突、法律約束、文化差異造成的本土化困難，可能抑制中國直接投資規模的進一步擴大。（2）中國對外直接投資行業分佈廣泛，基本上處在國際產業鏈中低端，難以掌握金融、貿易交易的定價權，投資回報率相對較低，具有直接投資大而不強的特徵，這不利於促進國際直接投資中人民幣的使用，也難以發揮在直接投資所驅動的國際貿易中提升人民幣使用份額的作用。（3）人民幣國際化基礎薄弱，人民幣使用的制度和市場不健全，加上國際社會的貨幣使用慣性和「網路效應」，長期內會抑制人民幣的國際使用。（4）直接投資推動人民幣國際化的聯動機制尚未建立起來，缺乏推動人民幣國際化的合力。中國「走出去」的企業、金融機構大多各自為政，較少將自身的經營與人民幣國際化戰略對接，多頭管理直接投資，政府層面缺乏必要的政策協調。

結論4：債券市場是國際資本流動的主要管道，作為「安全資產」的國家主權債券、高等級金融債券是非居民投資者的首選。目前，國際「安全資產」仍是一種全球稀缺的公共物品，標價貨幣被美元、英鎊、歐元壟斷，容易出現缺乏彈性和市場扭曲問題。人民幣債券市場具有較高收益和巨大的國際吸引力，可以擔當向全球提供國際「安全資產」和流動性的重要功能，是提升人民幣金融交易功能的突破口和主要支柱。

在人民幣國際化過程中，人民幣債券市場的發展與開放具有獨特的地位。通過整理分析國際資本市場的資料可以得知，債券市場是國際資本流動的主要管道之一。同時，國際債券市場標價貨幣也主要是被少數國際化貨幣所壟斷。這意味著人民幣國際化過程必然需要經歷債券市場開放這一具有挑戰性的過程。目前人民幣國際化進程由於匯率波動等外部原因而受阻，監管當局不妨以債券市場對外開放為突破口，為人民幣國際化的最終成功打下堅實的基礎。

通過回顧人民幣在岸債券市場的發展歷程和目前開放情況，我們得出的

結論是當前債券市場開放既具備有利條件，又存在一些不足。人民幣債券市場對於海外投資者具有巨大的吸引力。首先，中國經濟仍在以一個相對較快的速度持續發展，海外投資者無論是從分散風險還是從追求更高收益的角度，都具有強大動力持有人民幣債券；其次，在全球經濟進入新常態後，人民幣債券在收益率方面相對於發達經濟體的優勢日益顯著；最後，人民幣加入世界貨幣基金組織特別提款權貨幣籃子之後，人民幣作為國際儲備貨幣的吸引力進一步加強，海外央行和主權基金對於配置人民幣債券有較強需求。

　　結論5：信貸市場是強化人民幣金融交易功能的三大支柱之一。全球經濟對中國貿易依賴程度提高、發展中國家貨幣錯配問題集聚使得人民幣國際信貸市場發展成為一種必然趨勢，而美元強勢升值提供了機會視窗。歷史研究表明，主要國際貨幣主要通過國際金融中心、貿易兩條途徑推動國際信貸市場發展。從中國國情出發，宜選擇貿易途徑推動人民幣國際信貸市場發展。

　　人民幣境外信貸市場是人民幣成為國際金融市場交易貨幣的基礎，該市場的發展有助於擴大人民幣的國際使用範圍，提升非居民持有人民幣的信心，增加境外企業之間及境外企業與境內企業之間進行貿易時使用人民幣結算的頻率，為實現人民幣國際化創造良好的條件。本書認為美元強勢升值為人民幣國際信貸市場的發展提供了機會視窗，同時全球經濟對中國貿易依賴程度的逐步提高和全球發展中國家貨幣錯配問題的日益集聚都使得人民幣國際信貸市場的擴展成為時代發展的必然趨勢。根據對美國、德國、英國和日本對外債權結構的經驗分析，本書認為目前制約人民幣國際信貸市場發展的主要因素集中在三個方面：貿易、金融、貨幣國際化程度。此外，通過大量歷史資料和國別資料可以發現，主要國際貨幣發行國主要通過兩條途徑推動其貨幣國際信貸市場的發展：以美國為代表的國際金融中心途徑和以德國為代表的貿易途徑。

　　結論6：人民幣金融交易功能的實現最終取決於是否有一個功能強大的外匯市場，關鍵是要構建多層次的人民幣外匯市場，能夠為人民幣發揮貿易結算功能提供基礎條件、為人民幣發揮大宗商品計價貨幣職能提供支撐、為人民幣發揮國際儲備貨幣職能提供重要管道。

通過對人民幣外匯市場發展過程的研究，可得出構建多層次的人民幣外匯市場對人民幣國際化有重要意義的結論。

（1）多層次的人民幣外匯市場可以為人民幣發揮貿易結算功能提供基礎條件。近年來，中國對外貿易中以人民幣進行計價結算的規模和比例均有大幅增長，由貿易帶動的人民幣國際化進程呈現出了蓬勃發展的局面，多層次人民幣外匯市場的完善可以為對外貿易中的參與主體提供透明有效的價格資訊，並提供多種衍生工具進行匯率風險對沖，提高市場主體選擇人民幣作為貿易結算貨幣的吸引力。

（2）多層次的人民幣外匯市場可以為人民幣發揮大宗商品計價貨幣職能提供支撐。中國作為大宗商品進口大國，在國際大宗商品定價上缺乏相應的話語權和市場影響力，目前在人民幣國際化的整體戰略中，推動以人民幣計價的大宗商品交易是重要的一環，多層次的人民幣外匯市場可以為人民幣計價的大宗商品交易提供定價依據及風險對沖手段，保障人民幣在大宗商品定價領域影響力的持續提升。

（3）多層次的人民幣外匯市場可以為人民幣發揮國際儲備貨幣職能提供重要管道。目前美元仍是國際上最主要的儲備貨幣，這同美元在全球靈活高效的外匯市場有密切的關係，國際投資者可以便利地買入賣出美元，進行資產負債調整。在當前人民幣國際化進程中，多層次的人民幣外匯市場可以為境外央行提供便捷可靠的獲取人民幣管道，促進人民幣的國際儲備貨幣職能。

結論7：當前人民幣國際化進入一個關鍵時期，迫切要求中國加強金融基礎設施建設，以促進人民幣交易功能，提高人民幣使用度，增強人民幣資產安全性。建立高效安全的人民幣跨境支付清算體系、完善金融相關的法律制度建設、發展科學公正的徵信與信用評級體系是完善金融基礎設施的「三大支柱」。

人民幣跨境交易量不斷增大對跨境人民幣結算提出了更高的要求。CIPS（一期）通過延長清算時間、統一資訊傳輸編碼、監控清算餘額、提供信用管道以及與HVPS相互獨立卻又互聯互通等方式提高了清算效率，節約了清算成

本，降低了流動性風險和信用風險，還將國內支付和跨國支付相隔離，保證了國內金融體系的安全。但是CIPS還需在降低資金成本、擴大參與主體等方面進一步完善，為人民幣國際化的推進提供富有競爭力的技術支撐和市場基礎。

人民幣加入 SDR 後，中國需要在國際貨幣體系治理中承擔更多的大國責任。在人民幣的國際需求與供給發生明顯變化的情況下，中國的資本流動、人民幣匯率以及國際收支管理面臨一系列新的問題和挑戰，需要加快法律制度建設步伐，適應人民幣金融交易擴大的需要。宏觀上，需要減少對行政手段的依賴，更多運用市場、法律的手段以及匯率、利率、稅率等價格工具形成的法律規制調節經濟活動，提高宏觀調控的前瞻性、針對性、透明度和公信力。應針對可能出現的不同情形充實政策和法律規制儲備，完善應對跨境資本過度流入和集中流出的緊急預案。微觀上，亟須完善離岸人民幣交易市場的法律規制。細化離岸金融市場的市場准入原則、准入主體的範圍和形式、准入許可的方式、交易對象、經營範圍和業務框架、稅收征管、監管模式、監管標準和風險控制手段等，形成一套全面系統的離岸金融規則，以促進人民幣國際化的發展。加快制定既切合中國實際又符合國際慣例的金融稅收制度。將部分在一些金融領域交易中占主導地位的國際通行規則引入中國的金融稅收制度中。

人民幣跨境交易涉及多種稅收，稅收對跨境發債、對外直接投資、跨境雙向人民幣資金池、證券投資基金跨境發行銷售資金等行為有較大影響，需要處理好維護我國稅收利益、避免雙重徵稅問題。

信用是金融交易和金融市場發展的基礎。目前主權信用評級業務領域依然由國際三大評級機構主導，大公國際資信發佈的主權信用評級結果並沒有得到國際認可。雖然中國在徵信與信用評級基礎設施方面的建設取得了一些成績，但與促進債券市場對外開放、充分發揮人民幣交易功能的需求之間仍然存在不小的差距。突出的問題是：（1）徵信市場相對分散、客戶覆蓋不足、資訊管道隔閡；（2）信用評級行業的市場結構總體呈壟斷競爭局面，缺乏具有國際影響力的評級機構；（3）評級方法不成熟，評級經驗與聲譽資本積累較少，沒有具體歸口管理部門。

9.2 主要建議

建議1：深入挖掘人民幣國際金融計價交易功能的現實可行性，充分利用人民幣加入SDR的制度紅利，深化國內金融市場改革。靈活把握區域及業務端出現的新機遇，提高人民幣金融資產吸引力與投融資便利性。實現人民幣國際化「貿易＋金融」雙輪助力、聯合驅動。

挖掘人民幣國際金融計價交易功能具有必要性與現實可行性。

第一，貿易項下人民幣國際化驅動力有所減弱，挖掘資本金融項下人民幣使用潛力勢在必行。全球貿易黃金期終結，保護主義勢頭上升，中國貿易份額提升空間有限，中資企業在全球價值鏈中的地位及議價能力短期內難以迅速提高，貿易項下人民幣國際化驅動力有所減弱。完善國內金融市場建設，理順價格體系，可以為全球提供優質人民幣金融資產，提高資本金融項下人民幣吸引力，實現人民幣國際化「貿易＋金融」雙輪助力、聯合驅動。

第二，深化國內金融市場發展，以人民幣國際化服務供給側改革。國內金融資源本身就是供給側的重要組成部分。深化國內金融市場與人民幣國際化相結合，可以有效利用境內外資金，調節市場價格與配置效率，以充沛的金融資源供給與合理的結構，服務實體經濟改革與發展，並為人民幣國際化提供長期動力。

第三，深化國內金融市場、強化人民幣國際金融計價交易職能兼具天時、地利、人和。人民幣加入SDR貨幣籃子，國際金融架構改革取得有效進展，為人民幣國際化提供了難得的歷史機遇與制度性紅利；在人民幣匯率承壓背景下，強化人民幣金融交易職能，由原有的離岸市場、資產業務轉向國內市場、負債業務，靈活把握區域及業務端的新機遇；「十三五」時期，中國經濟仍將保持中高速增長，金融改革有效推進，市場開放程度不斷提高，有助於提高人民幣金融資產的吸引力與投融資的便利性。

建議2：人民幣國際化需要建設成熟、深度的國際金融中心作為支撐。可按照短期貨幣市場、中期債券市場、長期多層次股權市場的順序，形成完整

的人民幣計價市場。要重視各金融市場之間的聯繫，在人民幣存在貶值預期、中國經濟面臨下行壓力、國際市場「黑天鵝」事件頻發的形勢下，應該穩中求勝，把握好時機，打通「政府—市場—企業」的傳導機制，共同推動人民幣國際化。

一個國家貨幣的國際化過程需要依靠一個成熟深度的金融中心，最基礎的是提供人民幣國際使用的外匯交易和清算服務。在貨幣國際化的初期，要重視國際信貸市場的發展和金融市場的制度完善，提升整體金融市場的內在穩定性，為貨幣國際化奠定市場基礎。在國際金融市場的開拓中，短期要重視貨幣市場的發展，中期要發展債券市場，最後推動多層次股權市場，形成完整的人民幣計價市場。同時，金融市場的一個大整體，要重視市場之間的聯繫，打通「政府—市場—企業」的傳導機制，推動人民幣國際化。

金融市場的發展需要政府推動和市場自發培育相輔相成，完全依靠市場無法克服貨幣使用慣性的難題，後發貨幣難以成功國際化。僅僅依靠政府推動人民幣國際化難以滿足市場的多元化需求，容易誕生尋租問題，誘發金融危機。同時，金融市場的發展要穩中求勝，發展太慢會掣肘經濟和貿易發展，發展太快沒有形成良好的風險應對機制，容易遭受金融危機的衝擊。

目前人民幣的貶值預期沒有完全消退，中國經濟還存在下行壓力，國際市場「黑天鵝」事件頻發，發展金融市場來促進人民幣國際化在現階段應該量力而行，成熟的金融市場、發達的國際金融中心、理性的市場參與主體、完善的金融監管體系都不是一蹴而就的，需要遵循市場發展的規律。金融市場的發展雖然關鍵，但是時機選擇更為重要。

建議3：建立健全國家風險管理機制，繼續擴大直接投資尤其是對外投資規模。緊密配合供給側改革，提高金融、製造業的對外投資比例，提升中國跨國公司的貿易主導權和定價權，掃清貿易人民幣計價結算的障礙，夯實人民幣國際化的經濟基礎。進行頂層設計，推動各經濟主體和各部門相互協調，建立直接投資帶動人民幣貿易結算、金融服務互相支援的機制。大力發展金融科技和互聯網金融，通過技術手段改變人們的貨幣使用習慣，利用中國在電子支

付、移動支付方面的優勢，構建人民幣支付新平臺，超越傳統國際貨幣形成機制與路徑，快速獲得人民幣國際化所需的網路效應。

為了更好地發揮直接投資的經濟效應，夯實人民幣國際化的經濟和貿易基礎，進而發揮直接投資推動人民幣國際化的核動力，我們應該採取以下措施。

第一，加強對國家風險的監管，加強立法和國際法律、政策協調。應該根據中國直接投資的特點和最新發展趨勢，深入分析和研究「一帶一路」沿線國家的經濟發展需要和國家風險變化，在多管道管控好風險的前提下，大力推動對外直接投資。政府應該加強立法保護、政策溝通和國際合作，簽訂雙邊和多邊投資協定，保護外資的合法權益和利益，建立健全國家風險損失賠償機制，努力降低企業直接投資面臨的國家風險。中資企業應該深入研究東道國的國際環境、法律政策，避免引發誤解、觸及對方底線，蒙受不必要的損失。

第二，改善直接投資結構，提高金融、製造業的對外投資比例。中國的直接投資除了在國際、國內兩個市場優化配置資源外，還肩負著實現國際產能與裝備製造合作、加速供給側改革的重任，因此，應該繼續堅定不移地吸收外商直接投資，加大力度引進發達國家的高精尖科學技術和先進管理經驗，借此助推國內經濟轉型和產業升級；同時要大力發展對外直接投資，將其與「一帶一路」倡議和國內供給側改革相結合，創造條件、抓住機遇，將製造業作為未來3年擴大對外直接投資的主攻方向，鼓勵金融機構跟隨企業走出去，加快國際化步伐，為中國的跨國公司提供強大的金融支援，從而帶動對外直接投資的結構優化升級。簡言之，必須堅持吸引外商直接投資和對外直接投資的雙支柱並行，實現經濟結構優化與人民幣國際化共同發展。

第三，大力發展金融科技，運用區塊鏈、互聯網、大資料技術，推動電子商務、電子結算和數位貨幣的應用，通過技術手段改變人們的貨幣使用習慣，利用中國在電子商務、協力廠商支付、手機移動支付方面的優勢，構建人民幣計價結算、支付的新平臺，超越傳統的國際貨幣形成機制與路徑，快速獲得人民幣使用的網路效應。與此同時，應該強調金融部門的主力軍作用，適應不同行業、不同組織架構的跨國公司的需要，提供全方位的跨境金融服務，建立

安全、普惠的清算結算體系，提高直接投資中人民幣使用的效率和便利性。當然，必須進一步深化國內金融體系的改革，形成與跨境人民幣流動規模相適應的市場基礎，關鍵在於形成完整的國債收益率曲線，建立更為有效、合理的在岸、離岸人民幣市場定價基準；深化人民幣市場、債券市場、外匯市場和衍生品市場的建設，豐富國內金融產品的種類和數量，為人民幣國際化使用創造更有深度的國內市場環境和更為便利的使用條件。

第四，進行頂層設計，推動各經濟主體和各部門相互協調，建立直接投資帶動人民幣貿易結算、金融服務的互相支援的機制。以直接投資帶動人民幣國際化僅靠非金融企業在實體經濟層面的拉動略顯式微，中資銀行的加入可以提供加速器和潤滑劑，實現良性循環。這就要求中國企業積極主動地強化人民幣投資和貿易計價結算動機，金融機構努力構建規模足夠大的金融交易平臺，政府部門進一步完善便利人民幣使用的金融基礎設施和政策。直接投資各主管部門之間應該加強配合協作，建立統籌規劃機制，進行頂層設計，將發展直接投資與推動人民幣國際化有機結合，簡化多方重複性的審批流程，實現各項政策支援的無縫銜接。

建議4：應該將人民幣債券市場作為中國提供全球「安全資產」的主管道。為此需要優化貨幣政策執行框架，建立人民幣國債市場做市商制度，增加短期限國債發行量，完善利率結構曲線，增進債券市場流動性。還需改變多頭監管現狀，建立統一的債券市場監管框架，以提高監管效率。產品創新是人民幣債券市場發展的關鍵，未來應該重點推出資產支持債券、熊貓債、木蘭債，同時打破不合理的剛性兌付，通過發展信用、利率、匯率衍生品來分散和管理債券市場風險。

針對中國債券市場目前的缺陷與不足，我們也提出一系列政策建議，以促進培育健康、開放的債券市場，從而推進人民幣國際化的有序發展。具體而言，我們的建議包括以下幾個方面：

第一，優化貨幣政策執行框架，增進債券市場流動性；特別是通過發展與市場化利率相適應的貨幣政策執行體系，降低市場利率的波動性，完善利率結

構曲線，活躍債券市場交易。

第二，發揮財政部門作用，重視國債的金融功能；特別是財政部門通過有意識地增加短期限國債發行量，活躍短期限國債的市場交易，財政部門還可以考慮建立專門的機制，對做市商提供流動性支援。

第三，建立統一監管框架，增加市場間互聯互通；特別是應當逐步改變債券市場多頭監管並行的現狀，建立統一的債券市場監管框架，提高監管效率，同時加快建立統一互聯的債券託管體系，推動場內、場外兩個市場共同發展。

第四，豐富風險管理工具，發展債券衍生品市場；特別是積極打破債券市場存在的不合理剛性兌付，利用市場發現信用風險溢價，同時在審慎監管的基礎上擴大信用、利率和匯率衍生工具交易主體範圍。

最後，在岸人民幣債券市場的發展和對外開放離不開市場創新。通過市場創新，人民幣債券市場還可以起到豐富在岸市場投資產品種類、強化人民幣在國際範圍內的融資功能等作用。在此方面，我們認為在岸市場可以未來重點發展資產支援債券、熊貓債和木蘭債。

建議5：充分發揮中國金融體系由銀行主導的獨特優勢，防止資金「脫實向虛」，將貿易路徑作為人民幣信貸拓展的主要策略選擇。鼓勵企業和金融機構更多走向「一帶一路」沿線國家和新興經濟體，加強相互間在海外併購、市場拓展、技術升級、能源收購等重點專案方面的合作，降低其貨幣錯配風險。高度重視海外資金池建設，完善人民幣離岸市場定價機制，增加人民幣信貸對全球投資者的吸引力。

通過對國際信貸市場發展規律的經驗總結，為了使人民幣國際信貸市場得到快速發展，使得人民幣穩步成為國際核心貨幣並長期保持國際地位的穩定，此處進一步提出三點政策建議。

第一，引導資金「由虛向實」，提升企業國際競爭能力，本書認為貿易路徑應該成為人民幣信貸拓展的主要策略選擇。而要通過貿易路徑推動人民幣國際信貸市場的發展，企業在國際貿易中的議價能力顯得至關重要。中國目前出現了一個類似於日本20世紀80年代的現象，就是大量資金湧入國際金融市場和

房地產市場，而用於提升企業在國際貿易產業鏈中競爭能力的資金和投入都略顯不足，這是我們亟待解決的問題。我們應大力拓展與中國有緊密貿易往來的國家的人民幣信貸市場的發展，通過貿易信貸鼓勵外國進口商使用人民幣對中國出口商進行支付是目前最有效的擴展途徑。

第二，鼓勵企業和金融機構更多走向「一帶一路」沿線國家和新興經濟體。「一帶一路」沿線國家當前處於經濟發展的高速擴張期，經濟發展需要資金，尤其需要長期資本的支援，但目前這個地區的資金流入顯然是不足的，無論是國家開發銀行，還是亞洲基礎設施投資銀行都應將重點放在「一帶一路」沿線國家人民幣使用的擴展上，大規模使用人民幣來彌補美元流動性的不足，在滿足沿線國家經濟發展的同時提升人民幣國際化程度。此外，從國家層面應當積極加強與新興經濟體之間的貨幣金融合作，加強相互間在海外兼收併購、市場拓展、技術升級、能源收購等重點專案方面的合作和彼此之間的相互投資，可有效改變儲備資產單一流向發達經濟體的現狀，緩解「一帶一路」沿線國家和新興經濟體的貨幣錯配風險。

第三，大力推動人民幣海外離岸市場的發展。無論是外匯市場還是人民幣國際信貸市場，其載體都是離岸市場，要推動人民幣國際信貸市場的發展，就必須高度重視全球各地人民幣離岸中心的建設和發展，形成海外資金池，完善人民幣離岸市場定價機制，才能增加人民幣信貸對全球投資者的吸引力。

建議6：加強外匯交易市場建設，豐富市場主體類型，完善人民幣外匯市場預期傳導機制。深化外匯市場交易層次，適時放鬆前置交易管理要求，為人民幣外匯電子化交易創造更大的發展空間。應促進新產品研發，健全人民幣外匯交易體系。鼓勵各家金融機構開發適合自身實際情況的特色櫃檯外匯交易系統，促進交易方式從交易所轉向櫃檯，廣泛融合各類交易主體的需求，形成功能強大、安全高效的交易網路。

第一，加強外匯交易市場建設，豐富市場主體類型。豐富的市場參與者類型是促進市場價格公開有效的重要方式，目前境內零售市場參與者類型單一，主要是有進出口貿易背景的企業，在中國常年經常帳戶順差的情況下，容易形

成短期內人民幣的過度升值，而在人民幣貶值預期較強的階段，交易方向和預期的集中又容易使人民幣過度貶值，增加了市場的波動性。引入更多種類的市場參與者，可以充分釋放人民幣外匯市場的不同預期，使人民幣匯率水準可以更全面、更準確地反映市場供需關係，減輕監管當局的壓力。

第二，深化外匯市場交易層次，適當放鬆交易前置管理。按照外匯市場准入自由程度劃分，目前人民幣外匯市場的發展可以分為三個層次：一是建立在「實需原則」基礎上的零售外匯交易市場；二是在綜合頭寸等指標限制下的銀行間市場，銀行在決定交易上有一定的自主權，可以為同業提供人民幣外匯產品報價；三是和國際接軌的離岸人民幣外匯市場，允許投機者參與，不受「實需原則」的限制。境內人民幣外匯市場在第一個層次上已經取得了比較豐富的經驗，為企業匯率保值等方面做出了重要貢獻，下一步需要持續深化改革，推動境內人民幣外匯市場在第二個層次繼續完善，並向第三個層次發展。這需要監管層適時放鬆前置交易管理要求，為人民幣外匯電子化交易創造更大的發展空間。

第三，促進新產品研發，健全人民幣外匯交易體系。交易產品的多樣化和各個產品市場之間的聯動是外匯體系趨於成熟的標誌，目前外資銀行通過收購成熟電子化交易平臺的方式加強自身在外匯交易領域的市場地位，而且隨著交易產品標準化程度的提高，除即期外匯交易外，遠期和外匯掉期交易在各大電子化交易平臺上也可以實現標準化點擊交易，一些較為複雜的衍生品如外匯期權，在部分電子化交易平臺上也可以實現一定金額以內的點擊交易。電子化交易平臺的發展極大地提升了外匯交易的便利性，也提升了市場價格的透明度，在便利交易的同時也促進了交易規模的擴大，因此發展國內的人民幣外匯市場電子化交易平臺，也應該納入人民幣外匯市場發展的總體規劃，作為一項市場的重要基礎性設施建設。

第四，加快電子化交易平臺建設，促進中國外匯市場電子化發展。由於國際金融危機的衝擊，全球化暫時進入了低潮階段，對現行的國際貨幣體系進行改革的呼聲較高，此時對於中國來說正是把握歷史機遇、大力推進人民幣國際

化的關鍵時期。人民幣國際化也要求我們電子化交易平臺的發展同國際接軌，為人民幣國際化提供良好的市場環境，在電子化交易平臺等系統的建設方面，應該充分借鑑發達國家外匯市場電子化交易平臺發展的經驗和離岸人民幣電子化交易平臺的經驗，結合自身實際情況，打造適用於中國外匯市場的綜合性電子交易平臺，促進境內外匯市場的交易方式從交易所走向櫃檯，鼓勵各家金融機構開發適合自身實際情況的特色櫃檯外匯交易系統，廣泛融合各類交易主體的需求，形成功能強大、安全高效的交易網路，提高市場交易效率，增強市場價格透明程度，促進境內外人民幣外匯交易的發展。

建議7：獲得人民幣加入SDR制度紅利的關鍵在擁有強大的金融基礎設施。需要進一步健全和完善人民幣跨境支付清算體系，做到系統執行時間覆蓋全球；系統服務涵蓋外匯、證券交易等金融交易。適應直接投資、人民幣債券市場、人民幣國際信貸市場和離岸市場的發展需要，加快彌補法律短板，構建完善與人民幣國際化相適應的宏觀審慎監管、清算體系法律制度。完善跨境交易的稅收法規，加快稅收協定網路建設，消除不合理的雙重徵稅問題。鼓勵公共徵信與市場徵信共同發展，依據中國市場特徵制定評級標準，尊重國際慣例，努力打造國際公信力，為擴大人民幣金融交易增添新動力。

第一，人民幣跨境支付結算業務開展時間比較短，還處於初步建設階段。因此，我們有必要借鑑學習已建設成熟的國際貨幣支付清算系統的設計思路及運營管理經驗，以進一步健全和完善人民幣跨境支付清算體系。現階段的CIPS著重於貿易項下的跨境支付，隨著以後資本項目的開放以及人民幣使用份額的提升，CIPS將效仿美國的CHIPS以及歐洲的TARGET2做到系統執行時間覆蓋全球；系統服務涵蓋外匯、證券交易等；結算採用全額和淨額混合結算的模式；進一步提升效率、降低成本等。

第二，為迎接挑戰，我們需要構建防範人民幣國際化風險的宏觀審慎監管制度；對匯率和利率波動情況進行監管；加強離岸市場與跨境資金監管；建立發達、開放的金融市場，以應對巨額跨境資本流動的衝擊；構建完善與人民幣國際化相適應的清算體系法律制度。

第三，稅收是影響生產要素跨境流動的重要因素。為了擴大人民幣跨境交易，推動人民幣國際化，我們建議完善跨境交易的國內稅收法規，明確跨境交易稅收優惠政策。豁免QDLP境外所得的境內所得稅，避免雙重徵稅，允許企業在分國限額法和綜合限額法下相機選擇。積極對現行的雙邊稅收協定進行修訂，積極爭取在跨國投資所得上明確股息、利息等定義、來源地認定規則和徵稅方法，力爭降低收入來源國的稅率。

第四，助推人民幣國際化的徵信體系建設發展思路：鼓勵公共徵信與市場徵信共同發展；實現徵信資訊互聯互通；加強監管，注重資訊保護；專業機構應強化業務能力，提升信用文化。助推人民幣國際化的信用評級體系建設發展思路：加快法律體系建設，明確監管主體；信用評級市場加快整合力度，避免同質化惡性競爭；評級機構依據中國市場特徵制定評級標準；債券市場打破剛性兌付，評級機構加強自身建設；防範利益衝突，加強資訊披露。

附錄1

對外直接投資與東道國經濟增長的實證分析

我們仿照Borensztein和Gregorio（1997）文章裡的方法，進行FDI對經濟增長影響的實證分析。根據文章中的模型，可以得到：

$$g = c_0 + c_1 FDI + c_2 FDI * H + c_3 H + c_4 Y0 + c_5 A$$

這裡 g 表示人均GDP的增長率。FDI 變數由FDI的流量占輸入國GDP的比例來表示，人力資本（H）由公民受到中等教育的平均年限來表示，初始收入（Y_0）由初始年份的美元人均收入表示，這裡的 A 代表其他影響生產率的因素，這裡採用政府支出占GDP的比例來表示。

從OECD網站上得到了1970—2014年OECD成員對發展中國家的FDI資料，然後從Barro and Lee網站上獲得人力資本資料，其他初始收入和政府支出等資料從世界銀行網站獲取。其中此處對FDI資料進行了規模化處理，即將FDI和GDP的比值作為一個解釋變數，在對資料進行相應處理後做OLS回歸，得到結果如附表1—1所示：

附表1—1　模型OLS回歸結果

變數	回歸係數及標準誤
FDI和人力資本的乘積	3.255** （−1.634）
FDI	−7.958*** （−2.866）

續前表

變數	回歸係數及標準誤
初始收入	−0.154 （−0.117）
政府支出	−0.082 8*** （−0.015 5）
人力資本	0.538*** （−0.094 9）
常數項	3.262*** （−0.61）
觀測數	3 103
R^2	0.024

注：***表示$p < 0.01$，**表示$p < 0.05$，*表示$p < 0.10$。

此時主要變數都是顯著的。

其中雖然FDI的係數為-7.958，似乎FDI對GDP增長的推進作用為負，但是交叉項FDI和人力資本的乘積的係數為3.255，意味著只要人力資本大於2.44，FDI對一國的GDP增長就會產生促進作用，而絕大多數國家的人力資本要顯著大於2.44，因此我們可以斷定FDI的流入對一國GDP的增長有促進作用。

之後從聯合國貿易和發展組織網站上獲取中國對其他國家的FDI資料，由於統計時間較晚，聯合國貿易和發展組織的資料只有2003—2012年的。可以發現中國對其他發展中國家的FDI的規模很小，只占其他發展中國家吸收外資的很小的一部分。

現階段中國對其他發展中國家的直接投資仍然較少，占其吸引外商直接投資的比重很低。根據上面的實證結果，較發達國家對較不發達國家的直接投資會拉動較不發達國家的經濟增長，對其GDP增長率有正向的推動作用。我們可以預測隨著中國經濟的繼續發展，中國對外直接投資逐步增長後，中國對外直接投資會對被投資國的經濟起拉動作用。

附錄2

中國故事──ODI的經濟效益
大於FDI

根據前面的理論分析可知，外商直接投資和對外直接投資均會對中國經濟增長產生一定的促進作用，該部分將主要對比分析外商直接投資和對外直接投資對經濟增長促進作用的大小，並探討三者之間的動態變化關係。

一、資料描述

為了進一步探究對外直接投資和外商直接投資對中國經濟增長帶來的作用，此處選取中國對外直接投資流量（ODI）、外商直接投資流量（FDI）和國內生產總值（GDP）三個變數進行實證分析。所有變數的資料為1982─2015年的年度資料，資料來源於聯合國貿易和發展組織。

首先對所有資料做對數化處理，以減弱可能存在的異方差現象，這樣做還能得到更加平穩的時間序列，且不會改變其原有性質和相互關係。

二、資料分析

（1）單位根檢驗。

在對經濟現象進行時間序列分析時，一般要求所用的時間序列資料平穩，即沒有趨勢，否則會產生「偽回歸」問題，時間序列的平穩性檢驗採用ADF單位根檢驗方法，以上三個變數的單位根檢驗結果如附表2─1所示：

附表2—1　　單位根檢驗結果

變數	檢驗類型	T統計量	1%臨界值	5%臨界值	10%臨界值	平穩性
LODI	（*C*，*T*，1）	−3.015 8	−4.262 7	−3.552 9	−3.209 6	不平穩
D（*LODI*）	（*C*，0，1）	−7.180 2	−3.653 7	−2.957 1	−2.617 4	平穩
LFDI	（*C*，*T*，1）	−1.538 1	−4.273 2	−3.557 7	−3.212 3	不平穩
D（*LFDI*）	（*C*，0，0）	−3.643 3	−3.653 7	−2.957 1	−2.617 4	平穩
LGDP	（*C*，*T*，0）	−2.011 7	−4.262 7	−3.552 9	−3.209 6	不平穩
D（*LGDP*）	（*C*，0，0）	−4.550 7	−3.653 7	−2.957 1	−2.617 4	平穩

注：D（·）表示一階差分；檢驗類型中（*C*，*T*，*N*）分別表示單位根檢驗方程的截距項、時間趨勢和滯後階數，滯後階數的選取依據AIC準則。

　　根據檢驗結果可知，在5%的置信水準下，各個變數的對數序列*LODI*、*LFDI*、*LGDP*均接受了非平穩過程的假設，一階差分後均為平穩序列，即各變數時間序列為 *I*（1）過程。多變數時間序列如為同階單整，則可能存在協整關係，要通過協整檢驗來進一步判斷。

　　（2）協整檢驗。

　　協整（co－integration）方法是研究非平穩時間序列之間是否存在長期均衡關係的有力工具。根據協整理論，雖然兩個或多個時間序列是非平穩的，但它們的某種線性組合可能是平穩的。雖然對數對外直接投資流量（LODI）、對數外商直接投資流量（LFDI）和對數國內生產總值（LGDP）都是非平穩時間序列，但它們應當存在長期穩定的均衡關係，即是協整的。上面的平穩性檢驗已經說明它們都是一階單整序列，滿足協整檢驗的前提。

　　使用Johansen提出的基於向量自回歸（VAR）模型的多變數系統極大似然估計法進行協整檢驗。Johansen 極大似然值方法是通過建立VAR模型來進行多變數協整檢驗，所以首先必須確定VAR模型的最優滯後階數及協整方程的形式。其中，最優滯後階數k的選擇根據無約束的VAR模型的 AIC、SC、FPE和HQ準則得到，當各準則給出的結果不一致時，可利用多數原則予以判斷。最終確定VAR模型最優滯後階數為4階。Johansen協整檢驗是對無約束VAR模型一階差分變數的滯後階數進行約束檢驗，故其最優滯後階數為3階。檢驗結果如

附表2—2所示，跡統計量和最大特徵值統計量都在5%的顯著水準上表明序列存在一個協整關係。

附表2—2　協整檢驗結果

協整方程數 零假設	特徵根	迹檢驗			最大特徵值檢驗		
		統計量	5%臨界值	概率p	統計量	5%臨界值	概率p
$r = 0$	0.739 4	51.884 0	29.797 0	0.000 0	40.348 8	21.131 6	0.000 0
$r = 1$	0.314 3	11.535 2	15.494 7	0.180 6	11.322 4	14.264 6	0.180 6
$r = 2$	0.007 0	0.212 7	3.841 4	0.644 6	0.212 7	3.841 4	0.644 6

這個協整關係用方程可以表示為：

$$LGDP = 0.250\ 4LFDI + 0.504\ 7LODI + 7.239\ 7$$
$$(0.038\ 2) \qquad (0.029\ 5)$$

括弧內數值為估計係數的標準差，由上式可知，在長期內，外商直接投資和對外直接投資均可以對中國經濟增長發揮促進作用，外商直接投資每增加1%，國內生產總值將增加0.250 4%；對外直接投資每增加1%，國內生產總值將增加0.504 7%。就長期而言，對外直接投資對經濟增長的促進作用要優於外商直接投資對經濟增長的促進作用。

（3）誤差修正模型。

協整關係反映了各變數之間長期穩定的均衡關係，而在短期中，變數可能偏離其長期均衡狀態，但會逐步向長期均衡狀態調整。為了反映外商直接投資、對外直接投資以及國內生產總值之間短期偏離的修正機制，可以使用VEC模型進行分析。VEC模型的結果如下：

$$\Delta LGDP_t = 0.241\ 3 + A \times X_{t-1} + B \times X_{t-2} + C \times X_{t-3} - 0.318\ 8CE_{t-1}$$

其中：$A = (-0.001\ 6 \quad -0.719\ 3 \quad 0.619\ 1)$；

$\qquad B = (-0.191\ 9 \quad -1.145\ 7 \quad -0.142\ 0)$；

$\qquad C = (-0.455\ 4 \quad -0.452\ 2 \quad -0.369\ 0)$；

$\qquad X = (\Delta LGDP \quad \Delta LFDI \quad \Delta LODI)$。

CE_{t-1}為誤差修正項，反映外商直接投資、對外直接投資以及國內生產總值短期內偏離其長期均衡路徑的程度。修正項CE_{t-1}前的係數描述了當變數偏離了均衡之後向均衡狀態調整的速度和方向。具體而言，誤差修正係數（－0.318 8）為負說明，雖然在短期內外商直接投資、對外直接投資可能偏離它們與國內生產總值的長期均衡水準，但短期偏離最終會向長期均衡收斂。

（4）脈衝回應與誤差分解。

基於前面建立的VEC模型，我們進行相應的衝擊效應分析，從而可以直觀地分析在擾動的情況下，國內生產總值、對外直接投資和外商直接投資三者之間的動態變化關係。從附圖2—1可以看出，當在本期給外商直接投資（FDI）一個正向衝擊後，國內生產總值（GDP）在短期內會呈現上下波動，除了第3期形成負的回應外，其餘各期均為正的回應，而且FDI對GDP的衝擊具有持續性，在圖中表現為，從第5期之後，FDI對GDP的影響逐漸保持穩定狀態，並且不收斂於X軸，總體而言，FDI對GDP具有明顯的拉動作用。當在本期給對外直接投資（ODI）一個正向衝擊後，GDP的變化表現為持續的正向回應狀態，在第7期達到最大的正回應，此後基本保持穩定狀態。從FDI和ODI對GDP的脈衝回應圖中可以發現，相較於FDI，ODI對GDP的拉動作用更加顯著，持續性更高，這也與我們從前面協整方程得出的結論保持一致。從ODI的脈衝響應圖可以發現，ODI一方面具有高度的持續性，另一方面也受到GDP的影響，在脈衝響應圖上表現為，在第4期後，相較於ODI自身，GDP對ODI的影響程度更高。這也與中國對外直接投資隨著經濟的增長而迅猛發展的現實相吻合。

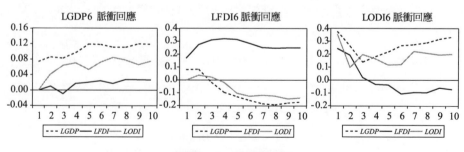

.附圖2—1　脈衝回應圖

脈衝回應函數描述了VEC模型中一個內生變數的衝擊給其他內生變數帶來的影響，而要分析每一個結構衝擊對內生變數變化的貢獻度，並評價不同結構衝擊的重要性，則需建立預測方差分解模型。方差分解實質上是一個資訊計算過程，它將系統的預測均方差分解為系統中各變數衝擊所作的貢獻。方差分解可以描述衝擊在外商直接投資（FDI）、對外直接投資（ODI）和國內生產總值（GDP）的動態變化中的相對重要性。我們基於上面所得出VEC模型進行了方差分解，方差分解結果如附表2—3所示。

附表2—3　方差分解結果

時期	*LGDP*的方差分解				*LFDI*的方差分解				*LODI*的方差分解			
	預測誤差	*LGDP* (%)	*LFDI* (%)	*LODI* (%)	預測誤差	*LGDP* (%)	*LFDI* (%)	*LODI* (%)	預測誤差	*LGDP* (%)	*LFDI* (%)	*LODI* (%)
1	0.07	100.00	0.00	0.00	0.19	18.48	81.52	0.00	0.57	43.28	18.16	38.57
2	0.12	87.24	0.75	12.01	0.34	11.31	87.48	1.21	0.67	47.63	21.74	30.62
3	0.16	76.40	0.75	22.85	0.47	6.36	92.73	0.91	0.71	45.90	19.29	34.81
4	0.20	71.93	1.25	26.82	0.57	6.94	92.36	0.70	0.75	46.76	17.38	35.86
5	0.24	74.72	1.62	23.66	0.67	8.62	88.63	2.75	0.79	49.70	15.86	34.44
6	0.28	73.64	1.98	24.38	0.76	11.06	84.08	4.86	0.85	52.89	15.27	31.85
7	0.31	71.33	1.89	26.78	0.83	14.20	79.72	6.08	0.93	53.41	13.93	32.66
8	0.34	70.16	2.24	27.60	0.89	16.83	76.07	7.10	1.00	54.47	12.96	32.57
9	0.37	70.65	2.47	26.88	0.96	18.18	73.34	8.48	1.07	56.49	11.65	31.85
10	0.40	70.42	2.60	26.98	1.01	19.04	71.56	9.40	1.14	58.26	10.64	31.10

　　附表2—3的*LGDP*（%）列、*LFDI*（%）列和*LODI*（%）列分別表示*LGDP*、*LFDI*和*LODI*對各期預測誤差的貢獻度，3列每行相加是100%。從表中可以發現，GDP在第1期基本只受其自身的影響，在以後各期逐漸減弱，而所受FDI和ODI的影響則逐漸增強。但是，FDI對GDP的影響有限，而ODI對GDP的影響程度較高，從第8期開始趨於穩定，穩定在27%左右，這與我們前面協整方程和脈衝響應得出的結論均保持一致。ODI從第1期就開始受到ODI、GDP和FDI三者的影響，其中GDP對ODI的影響程度隨著時間的推移逐漸加深，ODI受

其自身的影響的程度隨著時間的推移逐漸減弱，FDI對它的影響經歷了由上升轉為下降的過程，總體而言FDI對ODI的影響程度有限。

附錄3

直接投資帶動雙邊貿易增的實證研究

　　我們利用貿易引力模型分析中國對外直接投資的貿易效應。貿易引力模型
（trade gravity model）的基本思想來源於牛頓的萬有引力定律：兩個物體的相
互吸引力與它們品質的積成正比，與它們距離的平方成反比。貿易引力模型最
初出現在Tinbergen（1962）和Poyhonen（1963）於20世紀60年代早期所作的研
究中，他們認為，貿易引力模型是指兩個國家之間的貿易流量與它們各自的經
濟規模成正比，而與它們之間的距離成反比。從此貿易引力模型就成為對外貿
易實證研究的流行工具，在後續的實證研究中，學者們為了更好地解釋雙邊貿
易，加入了其他變數，如人口、人均收入、匯率、是否同屬一個經濟組織、共
同邊界、宗教信仰、共同語言或文化等諸多變數，來驗證貿易量的影響因素。

　　一、變數定義

　　根據Tinbergen（1962）的研究，貿易引力模型的基本形式可以表示為：

$$Trade_{it} = A \times \frac{AGDP_{it} \times CGDP_{it}}{D_i}$$

　　為了將雙邊貿易流量與解釋變數之間存在的非線性關係轉換成線性關係，
此處採取對數線性模型，將貿易引力模型轉化為：

$$Ln\,(Trade_{it}) = c_0 + c_1 Ln\,(AGDP_{it}) + c_2 Ln\,(CGDP_{it}) + c_3 Ln\,(D_i) + \mu_{it}$$

在引入中國對外直接投資（ODI）和外商直接投資（FDI）變數後，擴展後的貿易引力模型方程為：

$$Ln\,(Trade_{it}) = c_0 + c_1 Ln\,(AGDP_{it}) + c_2 Ln\,(CGDP_{it}) + c_3 Ln\,(D_i)$$
$$+ c_4 Ln\,(ODI_{it}) + c_5 Ln\,(FDI_{it}) + c_6 RTA + \mu_{it}$$

其中因變數 $Trade_{it}$ 為中國和對外直接投資的東道國的進口和出口貿易額之和，i 代表對外直接投資的東道國，t 表示年份。$AGDP$ 表示投資東道國的國內生產總值，$CGDP$ 代表中國國內生產總值，D 代表中國與投資東道國的距離，ODI 代表中國對外直接投資，FDI 代表東道國對中國直接投資，RTA 代表虛擬變數，包含 FTA 和 $Border$，其中 FTA 代表是否簽訂雙邊貿易協定，$Border$ 代表與中國是否接壤。

二、資料描述

選取中國與世界上44個國家2003—2015年的雙邊貿易額進行實證研究，雙邊貿易額數據來源於海關總署，雙邊投資額以及是否簽訂雙邊貿易協定的資料來自商務部，各國國內生產總值資料來源於世界銀行，中國與其他國家的距離用中國首都與其他國家首都的距離衡量，資料來源於http：//www.geobytes.com網站中的距離計算器。

三、資料分析

由於所分析的資料為面板資料，在綜合考察混合回歸、固定效應回歸以及隨機效應回歸後，我們採用隨機效應模型逐步進行面板資料的實證分析。回歸所得結果詳見附表3—1。

附表3—1　貿易引力模型回歸結果

變數	回歸結果			
	（1）	（2）	（3）	（4）
c	−2.836 0	−5.102 3[***]	−4.483 3[**]	−4.473 5[**]
	（−1.37）	（−2.84）	（−2.44）	（−2.43）
$Ln\,(AGDP)$	0.638 6[***]	0.671 9[***]	0.689 5[***]	0.694 2[***]
	（8.42）	（9.02）	（10.18）	（10.19）

變數	回歸結果			
	（1）	（2）	（3）	（4）
$Ln（CGDP）$	0.615 7***	0.598 9***	0.534 0***	0.532 0***
	（14.50）	（14.44）	（11.92）	（11.81）
$Ln（D）$	−0.714 6***	−0.499 2***	−0.487 0***	−0.488 3***
	（−3.22）	（−2.61）	（−2.68）	（−2.69）
$Ln（ODI）$	—	—	0.024 5**	0.024 2**
			（2.18）	（2.14）
$Ln（FDI）$	—	−0.012 2**	—	−0.007 3
		（−1.73）		（−1.02）
FTA	—	0.759 5***	0.733 7***	0.738 6***
		（2.84）	（2.81）	（2.82）
$Border$		−0.078 8	−0.075 4	−0.076 7
		（−0.22）	（−0.21）	（−0.21）
R^2	0.795 7	0.839 5	0.857 2	0.857 3
Wald 統計量	571.29	574.54	720.66	741.29

注：括弧內為z統計值，＊表示p＜0.10，＊＊表示p＜0.05，＊＊＊表示p＜0.01。

　　模型（1）為基準模型，可以看出雙邊貿易額與兩國國內生產總值成正比，與距離成反比，這與之前研究所得到的結論保持一致。模型（2）引入了東道國對中國的直接投資等變數，其中東道國對中國的直接投資對雙邊貿易額的影響是負向的，說明東道國對中國的直接投資會對雙邊貿易產生替代作用，而自由貿易協定的簽訂對於雙邊貿易額的增長具有促進作用，與中國是否接壤對雙邊貿易額的影響係數雖然是負值，但是係數不顯著，可以認為與中國是否接壤對雙邊貿易額沒有顯著影響。模型（3）引入了中國對東道國的直接投資等變數，其中中國對東道國的直接投資對雙邊貿易額的影響是正向的，說明中國對外直接投資（ODI）對雙邊貿易有著顯著的拉動作用，而是否簽訂雙邊貿易協定以及與中國是否接壤的係數基本與模型（2）保持相同。模型（4）將中

國對東道國的直接投資（ODI）、東道國對中國的直接投資（FDI）以及其他變數引入基準模型，對比分析中國對東道國的直接投資、東道國對中國的直接投資對雙邊貿易額的影響。其中Ln（ODI）的係數為0.024 2，說明中國對東道國的直接投資（ODI）每增長1%，雙邊貿易額就會增長0.024 2%，Ln（FDI）的係數為－0.007 3，但是並不顯著，通過對比可以發現，相較於東道國對中國的直接投資，中國對外直接投資更能對雙邊貿易產生拉動作用。中國對外直接投資通過拉動雙邊貿易的增長，帶動中國經濟以及東道國經濟共同發展。

附錄4

中國證券交易結算系統

一、股票結算系統

按照上市條件，中國股票交易場所分為主機板、二板、三板以及區域性股權交易系統。主機板在上海證券交易所以及深圳證券交易所於1991年和1992年創立伊始便已存在；作為二板的中小板和創業板則分別於2004年和2009年開板；新三板即全國中小企業股份轉讓系統也於2013年正式揭牌。其中，主機板在上交所及深交所都有交易，而中小板和創業板則在深交所進行交易；新三板則屬於場外市場。經過幾十年的發展，中國證券市場已有超過3 000家公司上市，總市值和成交量也經歷了翻天覆地的變化，分別增長到了2016年的557 516億元和93 949億股。

中國證券登記結算有限公司（簡稱中證登）負責交易所證券的登記、託管和結算。按照分級結算原則進行證券結算。所謂分級結算原則，就是指中證登不直接參與普通投資者的證券結算服務，而是負責辦理與結算參與人（證券公司、託管銀行和其他機構）之間的集中清算交收，完成證券和資金的一級清算交收；由結算參與人負責辦理與其客戶之間的清算交收，進行資金和證券的二級清算交收，並委託中證登代為劃撥證券。

A股交易的交收週期是T＋1，即T日（交易日）達成的A股交易，將在次一交易日完成交收；B股交易的交收週期是T＋3。中證登將交收分為非擔保交收和擔保交收。非擔保交收是指按照全額逐筆方式完成結算參與人之間的證券

和資金的交收。任何一方結算參與人發生違約，另一方結算參與人自行承擔對手方違約風險，交收過程宣佈終止，由雙方自行解決，中證登不承擔違約責任。目前，一級市場發行交易採取非擔保交收的證券交易。而擔保交收是指中證登按照多邊淨額方式組織完成與每個結算參與人的證券和資金交收。在此過程中，中證登不再僅僅作為市場組織者，而是充當共同對手方（CCP）角色，成為買方的賣方和賣方的買方，承擔擔保交收責任。任何一方結算參與人違約，中證登將履行對未違約結算參與人的交收義務。目前採用擔保交收的證券交易涵蓋了A股、B股的絕大部分二級市場交易。

二、債券結算系統

中國債券流通市場包括場外市場和場內市場。其中，銀行間債券市場和商業銀行櫃檯市場為場外市場，交易所債券市場是場內市場。20世紀90年代初，債券交易開始在證券交易所進行，交易所債券市場逐步形成，並一度成為中國債券交易唯一的交易場所。自1997年開始，交易所市場債券回購引發的風險逐步顯現，銀行間債券市場隨之成立，大量的債券交易開始通過銀行間市場進行。2016年交易所的成交量占比僅為3.5%。

交易所債券市場的交易平臺主要包括交易所集中競價系統、固定收益證券綜合電子平臺（上交所）、大宗交易系統（上交所）以及綜合協議平臺（深交所）。在競價系統中採用競價撮合的交易方式，即按照時間優先、價格優先的原則，由交易系統對投資者買賣指令進行匹配，最後達成交易。而在固定收益證券綜合電子平臺、綜合協定平臺則採用場外交易方式。交易所的固定收益證券綜合電子平臺包括兩層市場，一層定位於機構投資者，為大額現券交易提供服務，另一層為交易商和普通投資者之間的市場，採用協定交易的模式，通過成交申報進行交易。該平臺可以進行現券交易、買斷式回購操作以及質押券的申報和轉回，但不能進行質押式回購操作。交易所市場的競價和詢價系統之間也可以進行交易，但本系統內債券實行T＋0，跨系統實行T＋1交易模式，即當日通過競價系統買入的債券，可於當日通過該系統賣出，但要於次一交易日才能通過固定收益證券綜合電子平臺賣出。

中證登也負責交易所債券市場的登記、託管和結算，採取集中登記、二級託管和集中淨額結算制度。作為交易雙方共同的交收對手方，中證登對債券交收負有擔保責任。對於競價交易系統達成的交易，中證登分別與各結算參與人進行結算，資金清算基本上通過交易所與各結算參與人指定的清算銀行實施。對於固定收益電子平臺達成的交易，中證登提供兩種清算模式，對於交易商之間的交易，中證登作為中央擔保者並根據交易所成交結果與交易商進行淨額結算。但交易商與客戶達成的交易，則實行純券交割的結算模式。

銀行間債券市場是一個多層次的市場。第一層是做市商和結算代理人，它們可以從事債券的自營業務、承銷業務，也承擔結算代理業務。第二層是可以從事自營交易的金融機構，可直接參與交易，但不為其他金融機構進行代理。第三層是通過結算代理進行交易的中小金融機構和非金融機構法人，這類機構只能通過有結算代理資格的機構間接參與交易。銀行間債券市場的核心是第一層和第二層，這兩類投資者的定價能力和風險識別能力較強。第三層是大型金融機構與中小金融機構，以及金融機構與非金融機構連接的市場，這是銀行間市場的資金和社會資金進行交換的層面，對於擴大銀行間市場的功能具有重要意義。

銀行間債券市場依託中國外匯交易中心建立了統一的電子平臺，提供報價和交易服務。銀行間債券市場的交易方式包括交易雙方一對一直接詢價交易、通過貨幣經紀公司的匿名交易以及通過做市商點擊成交等交易方式。目前，銀行間債券市場絕大多數的債券交易都是通過詢價方式達成的，通過貨幣經紀公司匿名交易方式及做市商點擊成交方式達成的交易占比較低。

中央國債登記結算有限責任公司（簡稱中債登）和上海清算所是銀行間債券市場指定的登記、託管和結算機構。其中，中債登主要負責政府債券、金融債、企業債、中央銀行票據等債券品種的登記託管和結算。上海清算所主要提供信用風險緩釋憑證、短期融資券、超級短期融資券、中期企業集合票據、資產支援票據、非公開定向債務融資工具、資產管理公司金融債等創新產品的登記、託管和結算。銀行間債券市場採用一級託管債券方式，即所有的銀行間債

券市場參與者均直接在登記託管機構開立債券帳戶，由登記託管機構直接負責參與者的債券的託管和結算。這種託管方式有效避免了二級託管機構挪用債券的風險，能夠最大限度地保障參與者債券的安全，此外，由中央託管機構直接負責債券結算，也大大提高了結算的效率。

三、跨境證券交易結算系統

隨著人民幣國際化的推進，中國證券市場開放度不斷提高，2014年推出的「滬港通」、2016年推出的「深港通」以及2017年推出的「債券通」便是最好的例證。在此，我們以滬港通為例，具體闡述跨境證券交易如何進行結算。

滬港通，即滬港股票市場交易互聯互通機制，是指兩地投資者委託上交所會員或者聯交所參與者，通過上交所或者聯交所在對方所在地設立的證券交易服務公司，買賣規定範圍內的對方交易所上市股票。滬港通包括滬股通和港股通兩部分。滬股通是指投資者委託聯交所參與者，通過聯交所證券交易服務公司，向上交所進行申報，買賣規定範圍內的上交所上市股票。港股通是指投資者委託上交所會員，通過上交所證券交易服務公司，向聯交所進行申報，買賣規定範圍內的聯交所上市股票。

由於滬股通和港股通結算方式類似，因而我們以港股通為例。在港股通下，中證登作為香港結算的結算機構參與者，按照其業務規則，根據其提供的清算資料，接受上交所證券交易服務公司的指定，與香港結算完成證券和資金的交收，並向其承擔交收責任。證券和資金結算實行分級結算原則，即中證登組織完成港股通交易的境內結算，作為境內結算參與人的共同對手方，為港股通交易提供多邊淨額結算服務，負責辦理與境內結算參與人之間證券和資金的清算交收；而境內結算參與人負責辦理與港股通投資者之間證券和資金的清算交收。此外，境內結算參與人與港股通投資者之間的證券劃付，需要委託中證登辦理。在資金結轉使用方面，除風險管理業務以人民幣為結算貨幣外，中證登與香港結算之間的其他業務以香港結算確定的幣種為結算貨幣。中證登與境內結算參與人之間以人民幣為結算貨幣。港幣及其他外幣與人民幣之間的兌換，由中證登與具備港股通換匯資格的結算銀行在香港完成。

由此，我們可以看出滬港通的結算機制實際上就是歐洲證券跨境交易的「相互連接」制度。這種方式雖然為投資者的跨境交易提供了結算，但是離高效、便捷、費率低的結算機制的目標還很遠。而且當跨境交易額度越來越大時，更多的弊端將會顯現。因此，我們建議中國可以向歐洲學習，歐洲在擁有TARGET2跨境支付系統的基礎上建立了T2S跨境證券交易平臺，而中國現在已經擁有了CIPS跨境支付系統，比照T2S建立一個CIPS—證券的嶄新平臺，將CIPS以及證券登記結算機構帳戶容納進來，必定會加速跨境證券交易、節約交易成本，為國內外投資者提供更多的便利。

附錄5

推動保險業為「一帶一路」倡議保駕護航

一、保險是促進貿易和直接投資的重要金融支持手段

作為金融行業的三大支柱之一，保險業在促進對外投資與對外貿易中，起著重要的支撐與保障作用。Hideki Funatsu（1986）以微觀經濟學理論模型證明了出口信用保險會保護出口商，幫助出口企業規避政治風險和商業風險，進而促進本國出口。Moser，Nestmann和Wedow（2008）運用靜態與動態面板模型，對德國出口資料進行了實證研究，發現德國出口信用保險機構對德國出口有顯著的促進作用。Ernst Baltensperger和Nils Herger（2009）通過對OECD組織30個成員出口信用保險資料進行實證檢驗，發現公共出口信用保險機構對出口到政治和商業更加不穩定的國家有較大的促進作用。Koen J. M. van der Veer（2015）通過多種方法對一家私人出口信用保險公司的資料進行了研究，發現私人出口信用保險對出口也有顯著且穩定的正向影響。除此之外，國外學者對出口信用保險促進國際貿易與投資的途徑還提出了諸多設想。Antr`as和Foley（2011）認為出口信用保險公司出於減少在未來交易中產生的保險賠款的目的，能夠讓出口商更了解進口方的信用狀況。Ferris（1981）認為出口信用保險也讓進口商更加了解出口商的信用，因此能減少進口商的交易成本，增加進口需求。Becue（2008）和Jones（2010）均提到，出口信用保險能夠幫助出口

商獲得更多的融資，有利於擴大出口的規模。

　　國內學者的研究也得出了相似的結論。胡海濱等（1998）的研究表明，出口信用保險能為出口商規避商業風險和政治風險，並為出口商獲得銀行的融資便利提供擔保，有利於出口商向進口商提供有競爭力的支付方式。此外，其在文中還提到，出口機構能為出口商提供有關買方及買方國家的大量資訊，為出口商提供諮詢。羅凡（2007）認為出口信用保險的政策性作用是配合國家的外貿戰略，加大對重點出口行業和企業的支持，並為企業融資提供便利。何慎遠等（2011）通過研究中國出口信用保險與出口的關係，指出出口信用保險對中國的出口有顯著促進作用，並且對不同時期不同國家的出口的促進作用不同。林斌（2013）利用可變參數狀態空間模型對2009年後中國出口信用保險政策調整與外貿出口的關係進行了分析，得出金融危機後期出口信用保險在一定程度上支持外貿出口增長的結論。王國軍等（2014）在擴展引力模型的框架下，研究了出口信用保險與中國外貿出口的關係，結果表明，出口信用保險在增加出口，推動出口市場多元化、支持有關出口行業發展等方面有顯著的促進作用，並且在應對2008年國際金融危機中表現出了一定的「逆週期」效應。

　　此外有研究表明，保險公司本身也是對外直接投資和外商直接投資的重要參與者和被投資對象。比如劉昌黎（1988）認為保險公司作為20世紀80年代後日本國內外發展最快的部門之一，在日本對外直接投資中佔據了越來越重要的地位。

　　以美、日兩國2000年後的資料為基礎做相關分析與計量分析，結果表明，兩國出口信用保險及保險業海外業務，與對外直接投資和對外貿易間存在顯著的相關與協整關係。美國的資料表明，出口信用保險是FDI和對外貿易的格蘭傑原因，對日本來說，雖然出口信用保險不是FDI與對外貿易的格蘭傑原因，但淨保險貿易餘額是FDI與淨貨物貿易餘額的格蘭傑原因（見附表5—1）。這部分表明出口信用保險對FDI與對外貿易有顯著的促進與保障作用。

附表5—1　美、日兩國保險發展對FDI與對外貿易的影響

	格蘭傑因果	顯著水準
美國	出口信用保險是FDI的格蘭傑原因	9.22%
	出口信用保險是對外貿易的格蘭傑原因	3.85%
	保險服務出口貿易額是FDI的格蘭傑原因	5.51%
	淨貨物出口是淨保險貿易的格蘭傑原因	4.57%
日本	淨保險貿易餘額是淨貨物貿易餘額及FDI的格蘭傑原因	2.86%

　　中國保險業資料顯示，目前中國保費增長率經檢驗為中國使用外國直接投資的格蘭傑原因，但進出口信用保險的發展與對外直接投資、對外貿易僅僅呈高度相關關係，並未表現出顯著的格蘭傑因果關係，這可能與中國進出口保險業務發展不夠成熟、中國保險業國際化佈局較為落後有關。

二、保險在「一帶一路」建設中的支撐作用逐漸加大

　　保險在「一帶一路」建設中發揮了不可替代的重要作用。政策性出口信用保險、對外投資保險的大力發展，促進了對外直接投資、國際產能和裝備製造合作、貿易快速增長，對中國經濟穩增長、調結構做出了貢獻。例如，2015年，中國出口信用保險公司承保「一帶一路」沿線國家的出口、投資、承包工程的金額達到1 163.9億美元，其中承保「一帶一路」倡議的清單專案38個，承保金額297.1億美元。短期險業務全年實現承保金額3 638.8億美元，連續4年超額完成了國家下達的短期險專項任務，為穩定外貿做出積極貢獻。一般貿易出口滲透率達到31.7%，自2010年以來連續6年超過20%（見附圖5—1）。

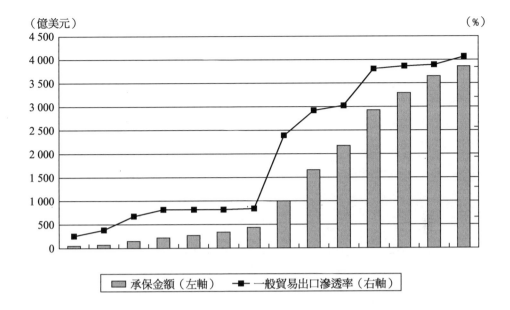

（億美元）   （%）

附圖5—1　2002—2015年中國信保出口信用保險承保金額及一般貿易出口滲透率

　　出口信用保險在促進外貿結構調整上做出了貢獻。一是支持新興市場出口，新興市場業務占比始終保持在較高水準。2015年新興市場占比由2014年的57.06%提高至69.65%，對新興市場的滲透率也從2014年的18.42%提高至24.95%。二是支持重點行業，對國家重點支持的行業採取了積極的承保政策，承保資源優先向重點行業傾斜。2015年對重點行業出口的滲透率達13.59%，重點行業業務占比為70.95%。三是支持重點國別。2009年以來重點國別占比穩定在22%以上。

　　中國出口信用保險公司（簡稱中國信保）2016年的調查表明，中國信保的保駕護航為企業出口帶來積極促進作用，64.3%的客戶認為投保出口信用保險後促進了出口增長，其中26.6%的客戶出口規模增長20%～50%；17.5%的客戶出口規模增長超過50%，部分客戶甚至翻倍。

三、制約保險業發揮保駕護航作用的因素

　　現階段中國保險業國際化程度較低，難以充分發揮護航「一帶一路」倡議

的作用。2015年中國與「一帶一路」沿線國家雙邊貿易總額達9 955億美元，承保金額僅為200多億美元。導致中國保險業國際化程度低的主要因素包括：

1.企業財產保險承保能力與海外佈局能力不足

國際經驗表明，保險企業在國際化發展初期，大都採取跟隨本國實體經濟「走出去」的策略。通過為本國對外貿易、投資等提供海外保險保障服務而逐步向外擴張，然後在國外努力實現「當地語系化」，其中涉及最多的是企業財產保險。儘管近年來中國對外貿易、對外直接投資和對外承包工程都呈現快速增長趨勢，規模在世界排名前三，但保險業卻未能跟上腳步，突出表現為中資企業財產保險業務保費收入增長率遠低於整個保險行業保費收入增長率。企業財產保險承保技術、業務服務能力與中國進出口貿易的發展狀況相脫節，不能滿足中國對外直接投資、進出口貿易發展的需要。

2.海外擴張路徑與服務模式單一

目前中國保險企業基本都採用海外上市或建立代表處的方式擴張，海外擴張形式較為單一。從著名跨國保險公司的成功經驗看，除了海外上市募集發展資本外，更重要的是通過併購、建立海外子公司及分公司的形式，儘快在海外開展實體業務，獲取更多營業利潤。中國保險企業海外機構數量少，很少在海外開展業務，而且保險服務出口方式比較低端，除了伴隨貨物出口提供保險服務外，主要集中在為來華旅遊或留學的境外人員提供保險服務。

3.海外業務創新能力弱

國內保險市場起步較晚，同質化競爭態勢異常明顯。在開展海外業務時，中國保險企業同樣出現了同質化競爭問題：一是保險產品同質化，沒有注意海外市場的差異化，缺乏創新動力，模仿或照搬已有產品，同質化比較嚴重；二是服務方式同質化，沒有體現優勢所在。中資保險在開展海外業務時往往照搬國內或模仿外國本土企業的經營管理模式，沒能真正發現和滿足國外客戶的細微需求，很難讓中資保險在海外市場贏得業務。

4.缺乏國際化專門人才

中國保險業人才隊伍的國際化水準不高，從業人員的整體數量、結構、

專業素質、管理能力、技術水準以及服務意識與保險業對外開放要求有很大差距，特別是有專業技術知識、有經驗的複合型人才缺口更大。從服務「一帶一路」倡議出發，中國保險業亟須具有國際經驗，具有國際資本市場、外匯市場的相關知識與經驗，懂得相關國際法律法規，了解國際保險市場運作、相關國家文化傳統與金融保險需求，具有保險產品開發技術與經驗的專門人才。

四、以創新加強保險業服務「一帶一路」倡議的能力

基於上述分析，為了保障「一帶一路」倡議順利開展、提升人民幣國際化水準，我國保險業應該充分挖掘商機，加快保險產品研發，創新保險經營模式，提升保險服務水準和保障能力。

1.創新保險產品，管理「一帶一路」建設中的複雜風險

當今世界正發生複雜深刻的變化，「一帶一路」倡議順應世界多極化、經濟全球化、文化多樣化、社會資訊化的潮流，秉持開放的區域合作精神，有利於維護全球自由貿易體系和開放型世界經濟。共建「一帶一路」旨在促進經濟要素有序自由流動、資源高效配置和市場深度融合，推動沿線各國實現經濟政策協調，開展更大範圍、更高水準、更深層次的區域合作，共同打造開放、包容、均衡、普惠的區域經濟合作架構。

但是，共建「一帶一路」面臨著非常複雜的政治風險、經濟風險、法律風險和商業環境風險。中國信保國別研究中心的分析表明，「一帶一路」沿線的64個國家的政治風險和經濟風險總體處在比較高的水準，風險由低到高按照9級分類，處在5～9級的有48個國家，占比為76%，這就意味著需要更多的風險管理手段，對這些風險進行分散、對沖管理。換言之，這就要求中國保險業通過市場化的風險管理與資金融通機制，加快業務國際化步伐，為「一帶一路」建設提供重要的支撐與保障。具體來說，保險公司應該在保障自身安全的前提下，全方位、多角度開發各類產品，逐步實現保險產品的差異化、專業化，滿足「一帶一路」沿線開拓企業的保障要求。例如，中泰鐵路的籌資談判一波三折，泰方單方面撕毀中方融資協議，多次降低中方融資利率條件，給中方造成了巨大損失，針對這種政策風險可以設計創新保險產品，應對市場發展過程中

產生的新保險需求。此外,在沿線國家開展貿易的小微企業越來越多,中國保險機構應該順應這種貿易發展變化,創新出口信用保險產品,推出小額出口信用保險,提高小微企業的參保率。

隨著人民幣國際化的推進,中國保險企業還應開發多種境外人民幣保險產品,為專案、貨物、設備、技術、人員等提供以人民幣計價的短期出口信用保險、工程險、航運險、責任險、投資險、員工人身險等各類保險,說明客戶規避使用外幣帶來的匯率、利率等風險,為客戶帶來更便利的保險服務。實際上,境外人民幣保險產品的創新開發與銷售,有利於提升海外人民幣使用,為推動人民幣國際化增添新的推動力。

2.創新保險經營,提升管理「一帶一路」複雜風險的能力

「一帶一路」沿線政治、宗教、文化因素複雜,需要保險公司創新經營管理理念,既要學習國際先進經驗,也要結合市場實際情況,因地制宜,跟上技術進步的步伐,在精算、產品研發、內部管理架構等方面需不斷創新,提升保險業管理複雜風險的能力。

第一,不斷創新業務經營模式,拓展業務經營範圍。在現有保險產品的基礎上,不斷拓展產品外延,以統一的品牌為客戶提供多元化的產品和服務,包括銀行產品、資產管理產品等,從而形成國際化、多元化的金融保險集團。

第二,設立國外分支機構。中國具備一定資信和資金實力的保險公司,可在與中國有頻繁貿易往來的「一帶一路」沿線國家設立營業機構,便於搜集相關的風險資訊,逐步建立健全國際化的經營服務網路,增強中國境外保險服務規模與實力,在促進中外企業的合作上發揮獨特作用。

第三,創新投資方式,拓寬保險資金海外運用管道。基礎設施是「一帶一路」建設的重點,具有投資規模大、建設週期長、風險較高等特點,而保險資金具有規模大、期限長、經營穩定的特點,這些特點正好契合基礎設施資金的需求特徵,意味著中國保險投資可以在該領域有所作為。「一帶一路」沿線國家還有許多能源開發利用的機會,保險資金的投資前景廣闊。一方面,保險公司可投資基礎設施建設等長期、穩健性項目,參股海外優質公司,設立投資基

金投資專項標的，開展境外投資，實現保險資產的全球配置。另一方面，人民幣的國際貨幣功能逐步加強，越來越多的企業在不同的離岸中心發行以人民幣計價的債券、股票和衍生品，保險公司可投資於這些以人民幣計價的產品。

第四，科學選擇擴張路徑。中國保險企業可尋找捷徑，通過參股、併購「一帶一路」沿線國家保險公司，快速進入這些國家的保險市場，在降低自身風險的同時，吸取當地保險公司的經驗，獲得客戶基礎，提供適合當地的保險產品，更快速、有效地在海外保險市場立足、發展。

第五，因地制宜地確定業務發展方向和戰略。如果保險企業要跟隨企業「走出去」，在「一帶一路」沿線國家設立分支機構，就必須做好充分的調查研究。首先需要掌握「一帶一路」沿線國家保險市場的發展情況，分析業務發展方向和重點市場，還需對各個國家的保險監管政策有透徹的了解和掌握，做好相應的調整和準備，從而更好地在當地監管政策下合規經營。中國保險企業的業務發展應該配合國家的戰略規劃和產業政策，實際上，基礎設施建設及鋼鐵、核電項目落地，為中國保險企業在海外市場的發展提供了「敲門磚」，中國保險企業可以以承保中資專案為跳板進入海外市場。此外，由於再保險具有鮮明的國際化特性，以中再集團為領頭羊的中國再保險公司可率先進軍海外市場，通過承接海外再保險業務拓寬市場，為其他中國保險公司領路。

附錄6

2016年人民幣國際化大事記

時間	事件	內容	意義和影響
2016年1月4日	銀行間外匯市場交易時間延長	人民幣外匯市場執行時間由北京時間9：30—16：30調整至北京時間9：30—23：30	交易時間覆蓋歐美市場，為境內外匯市場參與主體進行交易創造便捷條件，有利於促進形成境內外一致的人民幣匯率
2016年1月13日	中國正式加入國際貨幣基金組織協調證券投資調查和國際清算銀行國際銀行業統計	國家外匯管理局分別致函國際貨幣基金組織和國際清算銀行，確認中國正式加入協調證券投資調查和國際銀行業統計	提高中國金融統計的國際化程度，增加資料的透明度和可比性，有利於中國參與國際金融治理
2016年1月14日	瑞士首家人民幣清算行正式開業	中國建設銀行蘇黎世分行作為瑞士首家人民幣清算行正式開業	在瑞士這一世界最大的離岸金融中心設立清算行，有利於推動人民幣離岸市場的合理佈局
2016年1月16日	亞洲基礎設施投資銀行開業	亞洲基礎設施投資銀行開業儀式在北京舉行	這一由中國倡議組建的新型多邊金融機構將為「一帶一路」建設提供強有力的金融支援

續前表

時間	事件	內容	意義和影響
2016年 1月20日	央行調整境外機構人民幣銀行結算帳戶資金使用	中國人民銀行對境外人民幣業務參加行存放境內代理行人民幣存款執行正常存款準備金率	有助於防範宏觀金融風險，促進金融機構穩健經營
2016年 1月22日	全口徑跨境融資宏觀審慎管理試點擴大	27家金融機構和註冊在上海、廣東、天津、福建四個自貿區的企業將進行本外幣一體化的全口徑跨境融資宏觀審慎管理	進一步把握與宏觀經濟熱度、整體償債能力和國際收支狀況相適應的跨境融資水準，控制槓桿率和貨幣錯配風險，實現本外幣一體化管理
2016年 1月27日	中國正式成為IMF第三大股東	IMF2010年份額和治理改革方案正式生效，中國份額占比從3.996%升至6.394%，僅次於美國和日本	標誌著新興市場和發展中國家的話語權提升，有利於加強IMF的信譽度、有效性和合法性
2016年 1月29日	人民幣購售業務境外參加行可申請成為銀行間外匯市場會員	規模較大、有國際影響力和地域代表性的人民幣購售業務境外參加行，可申請成為銀行間外匯市場會員，參與各類交易	引入更多合格的境外主體進入銀行間外匯市場，擴大人民幣外匯交易規模
2016年 2月4日	國家外匯管理局對合格境外機構投資者（QFII）外匯管理制度進行改革	放寬單家QFII機構投資額度上限，對基礎額度內的額度申請採取備案管理，對QFII投資本金不再設置匯入期限要求	有序推進資本專案可兌換，促進跨境投融資便利化，進一步擴大境內資本市場開放
2016年 3月3日	央行與俄羅斯央行相互發起的多筆雙邊本幣互換資金動用完成	資金最終提供給部分中國和俄羅斯商業銀行	有利於提高中俄雙邊貿易和投資的便利化，標誌著中俄實務合作取得新進展

時間	事件	內容	意義和影響
2016年 3月7日	澳門人民幣即時支付結算系統正式上線	28家金融機構參與，為銀行客戶的人民幣匯款以及銀行間的人民幣資金匯劃提供即時結算服務	實現澳門與內地人民幣支付清算系統的對接。有利於提高澳門的清算效率，成為中國與葡語系國家貿易人民幣結算平臺
2016年 3月7日	央行與新加坡金融管理局續簽雙邊本幣互換協議	續簽規模為3 000億元人民幣/640億元新加坡元的雙邊本幣互換協議	有利於中新兩國銀行開展業務，兩國央行通過提供外匯流動性穩定金融市場
2016年 3月23日	交易所市場首支公募熊貓公司債發行	越秀交通基建有限公司在上交所公開發行首支公募熊貓公司債	豐富債券市場的發債主體，助推人民幣國際化進程
2016年 3月25日	中新重慶項目啟動多種跨境人民幣創新業務試點	開辦股權投資基金人民幣對外投資、重慶企業赴新加坡發行人民幣債券、個人經常項下跨境人民幣結算等創新業務	中新重慶項目取得實質性進展，進一步促進重慶企業和個人跨境人民幣結算和投融資便利化
2016年 4月7日	央行發佈以美元和SDR作為報告貨幣的外匯儲備資料	中國人民銀行同時發佈以美元和SDR作為報告貨幣的外匯儲備資料	客觀反映外匯儲備的綜合價值，有助於增強SDR作為記帳單位的作用
2016年 4月14日	廣東自貿區擴大人民幣跨境使用	重點支持自貿區5項創新業務，對此前的跨境人民幣業務做了進一步細化	拓寬廣東自貿區人民幣資金跨境雙向流動管道和業務範圍，促進金融的國際接軌
2016年 4月14日	福建自貿區擴大人民幣跨境使用	在真實合規的前提下，個人可以在銀行辦理經常項下和直接投資項下的人民幣跨境結算業務	擴大區內主體使用人民幣進行跨境貿易投融資，進一步降低准入門檻，擴大跨境資金流出入上限

時間	事件	內容	意義和影響
2016年 4月15日	蘇州全市試點跨境人民幣創新業務	將在蘇州工業園區試點兩年的跨境人民幣創新業務正式擴大到蘇州全市	進一步拓寬跨境人民幣雙向流動管道，更加便利企業和個人跨境資金結算和投融資
2016年 4月15日	匈牙利政府發行離岸人民幣債券	匈牙利政府發行10億元離岸人民幣債券，期限3年，發行利率為6.25%，獲超額認購1.6倍	中東歐地區發行的第一隻主權離岸人民幣債券，進一步提升了人民幣在中東歐地區的影響力
2016年 4月19日	全球首個以人民幣計價的黃金基準價格發佈	上海黃金交易所發佈首筆「上海金」，基準價定格於256.92元/克	完善人民幣黃金市場的價格形成機制，加快推進中國黃金市場國際化進程
2016年 4月28日	天津全市試點跨境人民幣創新業務	天津生態城跨境人民幣創新業務試點擴展至天津全市範圍	有助於企業開拓國際市場、金融機構對接新加坡國際金融中心，促進人民幣雙向流動
2016年 4月29日	貿易投資便利化，完善真實性審核	擴大銀行持有的結售匯頭寸下限。統一中外資企業政策。允許銀行為機構客戶辦理差額交割的遠期結匯業務	推進外匯管理改革，促進貿易投資便利化，支援實體經濟發展，防範跨境資金流動風險
2016年 5月3日	銀行間外匯市場推出標準化人民幣外匯遠期（C-Forward）交易	當日C-Forward共達成62筆交易。21家機構在3個固定期限品種和4個固定交割日品種上達成交易	活躍銀行間外匯市場遠期交易，豐富人民幣匯率風險管理產品，提高市場交易效率
2016年 5月3日	央行在全國範圍內實施本外幣一體化的全口徑跨境融資宏觀審慎管理框架	不實行外債事前審批。金融機構和企業在與其資本或淨資產掛鉤的跨境融資上限內，自主開展本外幣跨境融資	既放鬆了外債管理，又建立了跨境融資逆週期調節機制，有效防範系統性金融風險

時間	事件	內容	意義和影響
2016年5月9日	中國外匯交易中心交易確認介面系統正式投入運行	標誌著我國主導開發制定的金融國際通用報文進入實質性應用階段	有效推動國際、國內交易系統的無縫銜接，助力離岸人民幣境外結算相關業務發展
2016年5月11日	中國人民銀行與摩洛哥中央銀行簽署雙邊本幣互換協定	中國人民銀行與摩洛哥中央銀行簽署規模為100億元人民幣/150億摩洛哥迪拉姆雙邊本幣互換協議	有利於便利雙邊貿易和投資，加強兩國金融合作
2016年5月17日	中資金融機構在美國發行首筆人民幣債券	中國農業銀行紐約分行成功發行首筆人民幣債券，發行規模為1.17億元人民幣，期限1年，票面利率為3.35%	拓寬了境外中資金融機構的人民幣籌資管道。有利於推進美國人民幣離岸市場的發展
2016年5月20日	首個通過美國證券託管結算公司（DTCC）結算的人民幣金融產品發行	中國工商銀行在紐約發行5億元人民幣定期存單，期限31天，票面利率為2.6%	標誌著人民幣資產在美國獲得市場認可
2016年5月25日	上海自貿區首筆人民幣外匯貨幣掉期業務開啟	中國銀行上海分行在企業FTE帳戶下敘做美元兌人民幣掉期業務，期限5年，將人民幣債務轉換為美元債務	有利於企業更好地管理匯率風險，同時還能規避美元利率上行的風險，有效鎖定企業財務成本
2016年5月26日	中國財政部在倫敦發行首筆境外人民幣國債	中國財政部26日在倫敦發行30億元人民幣國債，期限3年，票面利率為3.28%，並於6月8日在倫敦證券交易所上市	這是中英雙方在財金領域深化合作的重要成果。對促進倫敦人民幣離岸市場的發展具有深遠意義
2016年5月27日	境外機構投資者投資銀行間債券市場實施備案管理	引入更多符合條件的境外機構投資者，取消投資額度限制，簡化管理流程	進一步推動銀行間債券市場對外開放，便利境外機構投資者投資銀行間債券市場

續前表

時間	事件	內容	意義和影響
2016年 5月30日	香港交易所推出新一批人民幣貨幣期貨	香港交易所推出歐元兌人民幣、日圓兌人民幣、澳洲元兌人民幣和人民幣兌美元期貨	豐富離岸人民幣的產品交易以及匯率風險管理工具
2016年 6月1日	香港金融管理局擴大人民幣流動性合格抵押品範圍	中國財政部在倫敦發行的人民幣國債被納入香港人民幣流動性合格抵押品範圍	豐富銀行的流動資金管理工具，有助於香港作為離岸人民幣業務中心的進一步發展
2016年 6月7日	央行與美聯儲簽署在美建立人民幣清算安排的合作備忘錄，美國獲2 500億元RQFII額度	確定中國銀行紐約分行為人民幣清算行。將RQFII試點地區擴大到美國，投資額度為2 500億元人民幣	標誌著人民幣清算體系覆蓋到全球主要金融中心，有利於促進雙邊貿易、投資便利化
2016年 6月15日	中國國債及其他債券收益率曲線發佈	中國國債及其他債券收益率曲線在中國人民銀行中英文網站發佈	有利於提升中國債券市場的透明度，完善債券市場的基礎設施
2016年 6月15日	國家外匯管理局全面實施外債資金意願結匯管理	中外資企業（不含金融機構）的外債資金均可按照意願結匯。境內機構資本專案外匯收入實行意願結匯，比例暫定為100%	進一步放鬆外匯管理，允許企業促進跨境投融資便利化
2016年 6月17日	人民幣對南非蘭特的直接交易	中國外匯交易中心6月20日起在銀行間外匯市場開展人民幣對南非蘭特的直接交易	有利於加強兩國金融合作、發展雙邊經貿關係
2016年 6月17日	央行與塞爾維亞中央銀行簽署雙邊本幣互換協定	中國人民銀行與塞爾維亞中央銀行簽署規模為15億元人民幣/270億塞爾維亞第納爾的雙邊本幣互換協議	有利於便利雙邊貿易和投資，加強兩國之間金融合作

續前表

時間	事件	內容	意義和影響
2016年 6月21日	境外首支中國債券類ETF上市	富國基金管理公司香港子公司發行的富國富時中國在岸國債及政策性銀行債1—10年指數ETF在倫敦證交所掛牌上市	為境外投資者提供新產品。人民幣固定收益資產將逐漸成為國際投資者必不可少的資產類別
2016年 6月21日	銀行間市場發行交易的同業存單將對境外機構投資人開放投資許可權	全國銀行間同業拆借中心在投資人範圍中增加了「境外金融機構及人民銀行認可的其他機構」	進一步豐富同業存單市場的投資者結構，加速銀行間市場對外開放
2016年 6月21日	國家外匯管理局修訂對外金融資產負債及交易統計制度	將境外上市的境內非金融企業等指定主體納入統計	進一步完善對外金融資產負債及交易統計
2016年 6月22日	新加坡金融管理局將人民幣金融投資納入其官方外匯儲備	新加坡金融管理局從今年6月開始把人民幣納入新加坡官方外匯儲備	全球機構投資者在其跨國投資組合中對人民幣資產接受程度不斷提高
2016年 6月22日	智利人民幣清算中心正式啟動	中國建設銀行智利分行舉行開業暨智利人民幣清算中心啟動儀式，成為第一家落戶智利的中資銀行	有助於促進智中兩國經貿關係的發展，尤其是將進一步拓寬智利的金融管道並提升兩國間的投資水準
2016年 6月23日	港交所與湯森路透推出一系列人民幣指數	反映人民幣兌重要交易夥伴貨幣匯率的單日表現。該組指數計算人民幣兌一籃子主要貨幣的匯率	繼續鞏固了香港交易所在推出離岸人民幣產品方面的領先位置，把香港發展成為中國的環球資產定價中心
2016年 6月24日	人民幣對韓元直接交易	中國外匯交易中心宣佈在銀行間外匯市場開展人民幣對韓元直接交易	有利於降低交易成本，促進人民幣與韓元在雙邊貿易和投資中的使用以及經貿金融合作

續前表

時間	事件	內容	意義和影響
2016年 6月24日	全國外匯市場自律機制在上海宣告成立並召開了第一次工作會議	由銀行間外匯市場成員組成，對人民幣匯率中間價報價行為，及銀行間市場和銀行櫃檯市場交易行為進行自律管理	有效促進市場成員「他律」與「自律」並重，「外部約束」與「內部激勵」並重，提高外匯市場的規範化水準
2016年 6月25日	央行與俄羅斯中央銀行簽署在俄羅斯建立人民幣清算安排合作備忘錄	中國工商銀行在莫斯科宣佈正式啟動人民幣清算行服務	有利中俄兩國企業和金融機構使用人民幣進行跨境交易，進一步促進雙邊貿易、投資便利化
2016年 6月27日	全球首個美元兌人民幣期貨選擇權商品正式掛牌交易	臺灣期貨交易所推出全球首個美元兌人民幣期貨選擇權商品	這是全球首個人民幣匯率期權產品，也是臺灣首個貨幣期權產品
2016年 6月29日	財政部在香港成功發行人民幣國債	財政部在香港面向機構投資者招標發行140億元人民幣國債。投標結果顯示，五個期限的人民幣國債全獲得超額認購	有助於點心債市場進一步轉暖
2016年 7月4日	人民幣外匯期權組合交易推出	中國外匯交易中心在銀行間外匯市場推出人民幣外匯期權組合交易，同步上線期權定價模組	定價效率提高、計算結果準確
2016年 7月6日	境外金融機構在境外遠期賣匯頭寸平盤後需交納外匯風險準備金	進入銀行間外匯市場的境外金融機構在境外與其客戶開展遠期賣匯業務產生的頭寸在銀行間外匯市場平盤後，按月對其上一月平盤額交納外匯風險準備金，準備金率為20%，準備金利率為零	完善宏觀審慎管理

續前表

時間	事件	內容	意義和影響
2016年7月9日	中新重慶項目下首個離岸人民幣債券發行	重慶糧食集團發行中新重慶項目下首個離岸人民幣債券發行，規模為10億元人民幣，期限3年，發行利率為4.02%，由中國農業銀行提供人民幣計價的不可撤銷備用信用證	第一次實現了境內主體境外發行債券後全額匯回使用的創新模式
2016年7月11日	中國銀行（香港）成為CIPS的首家境外直接參與者	中國銀行（香港）以直接參與者身份接入CIPS，完成首筆境外清算銀行跨境人民幣匯款業務	有助於進一步提高人民幣清算效率並降低交易成本，是推動人民幣國際化進程的重要一步
2016年7月13日	南非標準銀行成為肯亞首家人民幣現鈔自由兌換銀行	非洲最大銀行南非標準銀行在肯亞首都奈洛比舉行了人民幣現鈔自由兌換業務的發起儀式	中國是肯亞最大的交易夥伴。有利於推動中非產能合作，為人民幣業務在非洲推廣提供現實基礎
2016年7月15日	首輪外匯掉期沖銷業務成功組織	中國外匯交易中心在銀行間外匯市場成功組織首輪外匯掉期沖銷業務	這是全球外匯市場首次壓縮外匯衍生品，對健全市場基礎設施、提升金融市場效率和防範市場整體風險具重要意義
2016年7月18日	金磚國家新開發銀行發行綠色熊貓債	金磚國家新開發銀行在中國銀行間債券市場發行30億元綠色熊貓債，債券期限5年，發行利率為3.07%，認購倍數為3.1倍	這是首支總部設在中國的國際開發機構發行的債券，表明國際社會對人民幣有信心，有利於人民幣債券市場的開放發展
2016年7月27日	金磚國家新開發銀行成功達成人民幣利率互換交易	金磚國家新開發銀行成為首家完成銀行間市場人民幣利率互換交易的國際金融組織	標誌著人民幣利率衍生品市場對外開放進入新的階段

續前表

時間	事件	內容	意義和影響
2016年7月28日	柬埔寨可以直接使用人民幣	柬埔寨允許中國遊客直接使用人民幣，不必兌換美元或柬埔寨瑞爾	有利於柬埔寨吸引更多中國遊客，擴大人民幣在周邊國家的使用範圍
2016年8月15日	港交所推出交叉貨幣掉期結算服務	香港場外結算有限公司推出交叉貨幣掉期結算服務，為離岸人民幣對美元貨幣掉期提供結算服務	為離岸人民幣對美元貨幣掉期提供結算服務，增強了人民幣結算功能
2016年8月25日	歐洲首個主權國家發行熊貓債	波蘭共和國在中國銀行間債券市場發行30億元3年期人民幣主權債券，票面年利率為3.4%	這是歐洲首個主權國家在中國發行熊貓債，表明人民幣債券市場的參與主體擴大到外國政府
2016年8月25日	人民幣兌歐元、日圓和英鎊參考匯率公佈	每個交易日的11：00和15：00，中國外匯交易中心公佈人民幣兌歐元、日圓和英鎊參考匯率	便利人民幣外匯定價與交易，為市場主體提供更多的市場匯率參考，有利於SDR計價債券的交易和結算
2016年8月31日	世界銀行在中國銀行間市場發行首期特別提款權（SDR）計價、人民幣結算的木蘭債	世界銀行在中國銀行間債券市場發行SDR計價債券，規模5億SDR，期限3年，票面利率為0.49%。單位面值100SDR，等值人民幣931.585 14元	這是首只以SDR計價、人民幣結算的債券。以中國南北朝女英雄花木蘭的名字命名為「木蘭債」。有利於擴大SDR的使用範圍
2016年9月1日	人民幣成為交易最活躍的新興市場貨幣	國際清算銀行調查報告顯示，過去三年，人民幣在全球外匯交易中的占比增長一倍至4%，位列全球第八位	人民幣外匯交易量提升，已經取代墨西哥比索而成為交易最活躍的新興市場貨幣

時間	事件	內容	意義和影響
2016年 9月5日	央行對RQFII證券投資額度實行備案或審批管理	中國人民銀行和國家外匯管理局對RQFII境內證券投資額度、資金帳戶、資金收付等實施監督、管理和檢查。國家外匯管理局對單家RQFII投資額度實行備案或審批管理	規範人民幣合格境外機構投資者境內證券投資管理，中國資本專案開放的進程再次向前推進了一步
2016年 9月10日	澳洲證券交易所開啟人民幣證券託管服務	人民幣證券託管服務可以讓證券發行方直接在其交易平臺發行人民幣計價證券，並支持這類證券的結算和持有	有利於拓展人民幣業務範圍，支持雙邊貿易和人民幣證券投資，提升澳洲作為人民幣在亞太地區離岸市場的重要性
2016年 9月12日	央行與匈牙利央行續簽雙邊本幣互換協議	中國人民銀行與匈牙利央行續簽雙邊本幣互換協定，協定規模為100億元人民幣/4 160億匈牙利福林	加強雙邊金融合作，便利兩國貿易和投資，共同維護地區金融穩定
2016年 9月19日	中國工商銀行與新加坡交易所簽署重點支持離岸人民幣債券諒解備忘錄	推動中國企業的股票和債券在新加坡交易所掛牌交易，重點支援房地產信託基金和離岸人民幣債券	有利於中國企業在新加坡籌集資本並尋找投資機會，推動新加坡人民幣離岸市場發展
2016年 9月20日	央行授權中國銀行紐約分行擔任美國人民幣業務清算行	根據《中國人民銀行與美國聯邦儲備委員會合作備忘錄》，中國人民銀行授權中國銀行紐約分行擔任美國人民幣業務清算行	進一步便利人民幣在美使用和跨境交易，推動中美雙向貿易、投資與經濟合作邁上新臺階

續前表

時間	事件	內容	意義和影響
2016年9月23日	央行授權中國工商銀行（莫斯科）股份有限公司擔任俄羅斯人民幣業務清算行	根據《中國人民銀行與俄羅斯中央銀行合作備忘錄》相關內容，中國人民銀行決定授權中國工商銀行（莫斯科）股份有限公司擔任俄羅斯人民幣業務清算行	這是人民幣國際化進程的又一重要里程碑，標誌著中俄金融合作邁向新的歷史階段，有利於中俄兩國企業和金融機構使用人民幣進行跨境交易，進一步促進雙邊貿易、投資便利化
2016年9月26日	人民幣對阿拉伯聯合大公國迪拉姆和沙烏地阿拉伯里亞爾開展了直接交易	銀行間外匯市場開展人民幣對阿拉伯聯合大公國迪拉姆和沙烏地阿拉伯里亞爾的直接交易	有助於進一步拓展人民幣在阿拉伯聯合大公國及沙烏地阿拉伯地區的貿易往來及在國際經濟金融市場的使用廣度與深度
2016年9月27日	央行與歐洲中央銀行簽署補充協定，延長雙邊本幣互換協定有效期	將雙邊本幣互換協議有效期延長三年至2019年10月8日。互換規模仍然為3 500億元人民幣/450億歐元	將為雙方金融市場的進一步發展提供流動性支持，有利於雙邊貿易和投資的便利化，標誌著雙方貨幣金融合作取得新進展
2016年9月30日	國債做市支持機制建立	財政部、中國人民銀行宣佈建立國債做市支持機制。財政部在全國銀行間債券市場運用隨買、隨賣等工具，支持做市商對新發關鍵期限國債做市	支持國債做市，提高國債二級市場流動性，有利於健全反映市場供求關係的國債收益率曲線
2016年10月1日	國際貨幣基金組織宣佈納入人民幣的特別提款權（SDR）新貨幣籃子正式生效	新的SDR貨幣籃子包含美元、歐元、人民幣、日圓和英鎊5種貨幣，權重分別為41.73%、30.93%、10.92%、8.33%和8.09%	反映了人民幣在國際貨幣體系中不斷上升的地位，利於建立一個更強勁的國際貨幣金融體系

時間	事件	內容	意義和影響
2016年10月18日	哈薩克國家證券交易所開立人民幣清算帳戶	哈薩克國家證券交易所宣佈在中國工商銀行阿拉木圖分行開立人民幣清算帳戶	有利於在哈薩克開展人民幣債券投資和交易
2016年10月18日	首批境外銀行成為中國外匯交易中心外幣拆借會員	永豐銀行、招商銀行香港分行、中國銀行法蘭克福分行、國泰世華銀行、中國建設銀行東京分行等境外銀行可通過外匯交易中心的交易系統拆借外幣	有利於滿足境內外金融機構的外幣融資需求，外匯市場開放度進一步提高
2016年10月20日	國際中央證券存托行（ICSD）—明訊銀行正式進入中國銀行間債券市場	總部設在盧森堡的全球最大的證券結算和託管機構—明訊銀行正式進入中國銀行間債券市場	有助於發展具有深度和流動性的國內債券市場
2016年10月24日	菲律賓央行宣佈將人民幣納入官方外匯儲備	菲律賓央行宣稱貨幣委員會已批准將人民幣納入官方外匯儲備貨幣	有利於提高人民幣的官方儲備份額。表明更多的發展中國家願意持有人民幣資產
2016年10月25日	渣打銀行（香港）在中國的首批SDR債券成功定價	渣打銀行（香港）在中國銀行間債券市場發行首批SDR債券，規模1億SDR（約合9.25億元人民幣），債券以人民幣認購，票面年利率為1.20%，期限為一年，認購率近200%	渣打銀行（香港）是首家獲准在中國境內發行SDR債券的商業機構，SDR債券獲得市場的正面反應，有利於推動SDR的使用範圍從各國官方、國際組織走向私人部門
2016年10月27日	香港金融管理局公佈9家離岸人民幣市場一級流動性提供行	香港金融管理局指定9家銀行作為香港離岸人民幣市場的一級流動性提供行，總額度增加至人民幣180億元	進一步加強離岸人民幣市場的流動性及抵禦衝擊的能力。有助於加強香港離岸人民幣市場基礎設施建設

時間	事件	內容	意義和影響
2016年10月28日	上海黃金交易所與杜拜黃金與商品交易所簽署上海金基準價授權協定	上海黃金交易所授權杜拜黃金與商品交易所在其開發的以離岸人民幣計價的黃金期貨合約中，使用上海金基準價作為該合約現金結算價	表明上海金基準價對於全球投資者而言，是可交易、可信賴且具吸引力的價格，有利於推動人民幣大宗商品定價
2016年10月28日	財政部首次公佈30年期國債收益率	財政部在網站首次公佈30年期國債收益率	標誌著國債收益率曲線初步建立，有利於發揮國債收益率曲線的定價基準作用
2016年11月2日	全球首筆外國金融機構熊貓債發行	加拿大國民銀行在中國銀行間債券市場成功發行35億元熊貓債，期限3年，票面利率為3.05%	彰顯了外國金融機構對中國資本市場以及人民幣作為投融資貨幣的信心，對中國債券市場對外開放與深化發展具有積極意義
2016年11月7日	首筆境外機構境內美元拆借業務達成	招商銀行香港分行通過外匯交易中心外幣拆借交易系統與境內銀行達成美元拆借交易	標誌著銀行間市場對外開放取得進一步進展
2016年11月14日	人民幣對加拿大元直接交易	中國外匯交易中心在銀行間外匯市場完善人民幣對加拿大元的交易方式，發展人民幣對加拿大元的直接交易	進一步拓展人民幣在中加貿易投資結算中的使用，降低交易匯兌成本，推動我國與加拿大的經濟金融關係發展
2016年11月18日	全球最大對沖基金Bridgewater獲批進入銀行間債券市場	全球最大對沖基金Bridgewater將攜多隻投資產品進入中國銀行間債券市場	表明中國銀行間債券市場更加開放，國際吸引力不斷提高
2016年11月18日	中國工商銀行正式成為杜拜黃金與商品交易所結算銀行	中國工商銀行將為杜拜商品結算公司提供離岸人民幣期貨合約等人民幣產品的結算支援	方便市場參與者使用人民幣買賣上海黃金，有利於上海黃金期貨、離岸人民幣計價的期貨市場發展

續前表

時間	事件	內容	意義和影響
2016年 11月22日	中國銀行與韓國交易所簽署人民幣期貨交易做市商協定	中國銀行成為韓國交易所首家商業銀行人民幣期貨交易做市商，同時還被韓國交易所指定為人民幣結算銀行	深化了兩國金融合作，有利於人民幣匯率風險管理，為雙邊貿易和投資提供更多便利
2016年 11月23日	全功能型跨境雙向人民幣資金池業務推出	中國人民銀行上海總部發佈《關於進一步拓展自貿區跨境金融服務功能支援科技創新和實體經濟的通知》，明確中外資跨國企業集團可以通過自由貿易帳戶搭建全功能型跨境雙向人民幣資金池	為企業提供自有資金的歸集、流動性調配、短期財務性投資以及集中收付等全方位服務，滿足跨國公司在岸管理全球人民幣資金的需求
2016年 11月25日	國內首單超短期熊貓債在銀行間市場成功發行	招商局港口控股有限公司在全國銀行間債券市場成功發行15億元首單超短期熊貓債	中國銀行間債券市場熊貓債的品種已涵蓋了中期、短期、超短期三種類型
2016年 12月5日	深港通正式開通	深港通正式開通，深圳和香港兩地證券市場成功實現互聯互通	中國資本市場雙向開放又一重要里程碑，將進一步提升內地與香港市場國際競爭力和服務實體經濟的能力
2016年 12月6日	央行與埃及中央銀行簽署雙邊本幣互換協定	中國人民銀行與埃及中央銀行簽署雙邊本幣互換協定，規模為180億元人民幣/470億埃及鎊	便利雙邊貿易和投資，維護兩國金融穩定
2016年 12月8日	財政部在香港成功發行人民幣國債	財政部在香港面向機構投資者招標發行100億元人民幣國債，面向國外中央銀行和地區貨幣管理當局發行20億元人民幣國債	有助於點心債市場進一步轉暖

續前表

時間	事件	內容	意義和影響
2016年 12月8日	上海票據交易所開業	上海票據交易所作全國統一票據交易平臺，具有票據交易、登記託管、清算結算、資訊服務等多種功能	有利於大幅提高票據市場透明度和交易效率，防範風險。也有助於優化貨幣政策傳導機制，增強金融服務實體經濟的能力
2016年 12月9日	央行授權中國農業銀行杜拜分行擔任阿拉伯聯合大公國人民幣業務清算行	根據《中國人民銀行與阿聯酋中央銀行合作備忘錄》相關內容，中國人民銀行決定授權中國農業銀行杜拜分行擔任阿拉伯聯合大公國人民幣業務清算行	將對海灣地區的貿易和投資產生巨大影響。有助於阿拉伯聯合大公國離岸人民幣市場建設，為兩國深化金融合作開闢新的空間
2016年 12月11日	中國正式加入國際銀行業統計的本地銀行業統計	中國已正式加入國際銀行業統計的本地銀行業統計，國際清算銀行已在其官方網站上發佈了中國資料	全面彌補G20資料缺口取得的又一重要成果，表明我國國際收支統計資料品質再次得到國際認可，資料透明度持續提高
2016年 12月12日	人民幣對匈牙利福林、丹麥克朗、波蘭茲羅提、墨西哥比索、瑞典克朗、土耳其里拉、挪威克朗七種貨幣直接交易	銀行間外匯市場開展人民幣對匈牙利福林、丹麥克朗、波蘭茲羅提、墨西哥比索、瑞典克朗、土耳其里拉、挪威克朗的直接交易	有利於擴大人民幣交易規模，便利貿易投資結算，滿足經濟主體降低匯兌成本的需要
2016年 12月13日	上海自貿區首批債券交易結算順利完成	國泰君安證券、浦發銀行上海分行、中國工商銀行上海分行、金磚國家新開發銀行通過全國銀行間同業拆借中心國際金融資產交易平臺達成首批上海自貿區債券交易	標誌著面向區內機構和境外機構的自貿區債券交易業務正式開展，上海自貿區金融開放創新、銀行間市場對外開放邁出了新的堅實的一步

時間	事件	內容	意義和影響
2016年 12月21日	RQFII試點地區擴大到愛爾蘭	RQFII試點地區擴大到愛爾蘭，投資額度為500億元人民幣	有利於拓寬境外投資者人民幣資產配置管道，擴大境內資本市場對外開放
2016年 12月21日	央行與冰島中央銀行續簽雙邊本幣互換協議	中國人民銀行與冰島中央銀行續簽雙邊本幣互換協定，互換規模保持35億元人民幣/660億冰島克朗	加強雙邊金融合作，便利兩國貿易和投資，共同維護地區金融穩定
2016年 12月29日	CFETS人民幣匯率指數貨幣籃子規則調整	2017年1月1日起，按照CFETS貨幣籃子選樣規則，CFETS貨幣籃子新增11種2016年掛牌人民幣對外匯交易幣種，CFETS籃子貨幣數量由13種變為24種，美元權重由0.264 0調整為0.224 0	本次新增籃子貨幣權重累計加總21.09%，基本涵蓋中國主要交易夥伴幣種，貨幣籃子代表性得到提升，且在歷史回溯試算後，新老版本CFETS人民幣匯率指數運行趨勢基本吻合
2016年 12月11日	中國正式加入國際銀行業統計的本地銀行業統計	中國已正式加入國際銀行業統計的本地銀行業統計，國際清算銀行已在其官方網站上發佈了中國資料	全面彌補G20資料缺口取得的又一重要成果，表明我國國際收支統計資料品質再次得到國際認可，資料透明度持續提高
2016年 12月12日	人民幣對匈牙利福林、丹麥克朗、波蘭茲羅提、墨西哥比索、瑞典克朗、土耳其里拉、挪威克朗七種貨幣直接交易	銀行間外匯市場開展人民幣對匈牙利福林、丹麥克朗、波蘭茲羅提、墨西哥比索、瑞典克朗、土耳其里拉、挪威克朗的直接交易	有利於擴大人民幣交易規模，便利貿易投資結算，滿足經濟主體降低匯兌成本的需要

續前表

時間	事件	內容	意義和影響
2016年12月13日	上海自貿區首批債券交易結算順利完成	國泰君安證券、浦發銀行上海分行、中國工商銀行上海分行、金磚國家新開發銀行通過全國銀行間同業拆借中心國際金融資產交易平臺達成首批上海自貿區債券交易	標誌著面向區內機構和境外機構的自貿區債券交易業務正式開展，上海自貿區金融開放創新、銀行間市場對外開放邁出了新的堅實的一步
2016年12月21日	RQFII試點地區擴大到愛爾蘭	RQFII試點地區擴大到愛爾蘭，投資額度為500億元人民幣	有利於拓寬境外投資者人民幣資產配置管道，擴大境內資本市場對外開放
2016年12月21日	央行與冰島中央銀行續簽雙邊本幣互換協議	中國人民銀行與冰島中央銀行續簽雙邊本幣互換協定，互換規模保持35億元人民幣/660億冰島克朗	加強雙邊金融合作，便利兩國貿易和投資，共同維護地區金融穩定
2016年12月29日	CFETS人民幣匯率指數貨幣籃子規則調整	2017年1月1日起，按照CFETS貨幣籃子選樣規則，CFETS貨幣籃子新增11種2016年掛牌人民幣對外匯交易幣種，CFETS籃子貨幣數量由13種變為24種，美元權重由0.264 0調整為0.224 0	本次新增籃子貨幣權重累計加總21.09%，基本涵蓋中國主要交易夥伴幣種，貨幣籃子代表性得到提升，且在歷史回溯試算後，新老版本CFETS人民幣匯率指數運行趨勢基本吻合

參考文獻

〔1〕 IMF, Key Aspects of Macroprudential Policy, June 10, 2013, p.6.

〔2〕 IMF, Macroprudential Policy : An Organizing Framework, March 14, 2011, p.8.

〔3〕 Maria Socorro GochocoBautista and Changyong Rhee, Capital Controls : A Pragmatic Proposal, ADB Economics Working Paper Series, No.337, February 2013, p.7.

〔4〕 OMFIF, China's Challenges in Clearing and Settlement, 2013, 1426.

〔5〕 Peter Norman, Securities Settlement and Europe's Financial Market, John Wiley and Sons Limited, 2016.

〔6〕 陳錫明。建設人民幣跨境支付系統若干問題探討。金融會計，2013（5）。

〔7〕 陳琰。跨境人民幣結算業務現狀、問題及展望——以上海地區為例。新金融，2010（12）。

〔8〕 鄧黎橋。人民幣國際化：影響因素、政策配合與監管。重慶大學學報（社會科學版），2016（1）。

〔9〕 東方金誠2015年證券市場評級結果分析報告。http://www.dfratings.com/ userfiles/.pdf.

〔10〕 勾東寧。人民幣跨境流動的發展與監管。西南金融，2016（5）。

〔11〕 郭炎興。構築人民幣跨境支付高速公路——人民銀行支付結算司司長勵躍談CIPS建設。中國金融家，2012（6）。

〔12〕 國家外匯管理局課題組。人民幣在對外交往中計價結算問題研究。金融研究，2009（1）。

〔13〕 韓家平。關於中國社會信用體系建設的再認識。微信，2016（11）。

〔14〕 韓龍。人民幣國際化重大法律問題之解決構想。法學，2016（10）。

〔15〕 韓龍。實現人民幣國際化的法律障礙透視。蘇州大學學報，2015（4）。

〔16〕 韓璞景。離岸人民幣回流機制研究。金融經濟，2016（2）。

〔17〕 何平，金夢。信用評級在中國債券市場的影響力。金融研究，2010（4）。

〔18〕 侯茂章，曾路。中美信用評級市場發展比較與啟示。金融發展研究，2015（3）。

〔19〕 黃志凌。中國微信體系建設並非小事、易事。微信，2016（10）。

〔20〕 姜其林。離岸人民幣跨境資金流動宏觀審慎管理探討。華北金融，2016（12）。

〔21〕 交通銀行課題組。人民幣國際結算的重大意義與現實挑戰。新金融，2009（2）。

〔22〕 李婧。從跨境貿易人民幣結算看人民幣國際化戰略。世界經濟研究，2011（2）。

〔23〕李娜。人民幣跨境支付結算實踐。中國金融，2014（23）。

〔24〕李文，王騰飛。國際信用評級監管改革對中國信用評級監管的啟示。徵信，2016
（3）。

〔25〕聯合資信地方政府債券信用評級方法。http://www.lhratings.com/file/546d590138904f8a
a807e3f10263c15b.pdf.

〔26〕廖雯雯，孫慧玲。人民幣跨境支付系統（一期）問答。債券，2015（10）。

〔27〕劉錚，姚玉潔，姜琳，有之炘。CIPS：人民幣國際化「高速公路」。金融世界，
2015（11）。

〔28〕陸永花。人民幣跨境支付系統成功上線。金融經濟，2015（11）。

〔29〕羅國強。論離岸金融市場准入監管法制。上海金融，2010（6）。

〔30〕毛術文。人民幣國際化清算法律問題探析。現代經濟探討，2015（3）。

〔31〕強力，王瑩瑩。國際化背景下的人民幣結算制度的改革與完善。中國政法大學學報，
2015（5）。

〔32〕人民幣跨境支付系統（一期），答記者問。http://www.pcac.org.cn/index.
php?optionid=704&auto_id=1870.

〔33〕舒雄。人民幣跨境結算支付系統制度安排的缺陷及其完善。新會計，2011（6）。

〔34〕蘇昌蕾。從國際經驗看人民幣跨境支付。銀行家，2016（4）。

〔35〕孫立行。國際金融發展新格局下的中國金融監管改革戰略研究。世界經濟研究，2013
（12）。

〔36〕涂永紅，陳露。加強宏觀審慎管理為人民幣國際化護航。當代金融家，2016（1）。

〔37〕王春橋，夏祥謙。人民幣國際化：影響因素與政策建議——基於主要國際貨幣的實證
研究。上海金融，2016（3）。

〔38〕王曉蕾。互聯網金融與徵信體系。清華金融評論，2014（1）。

〔39〕王雪，陳平。人民幣跨境結算模式的比較與選擇。上海金融，2013（9）。

〔40〕王有鑫。人民幣國際化短期遇阻的表現、成因及前景研判。南方金融，2016（4）。

〔41〕吳晶妹。對2016年中國徵信業發展的一些期盼。徵信，2016（1）。

〔42〕吳晶妹。未來中國徵信：三大資料體系。徵信，2013（1）。

〔43〕吳晶妹。中國徵信業的幾點認識。中國金融，2015（21）。

〔44〕向雅萍。人民幣國際化的法律路徑探析。河北法學，2013（5）。

〔45〕肖成志，祁文婷。人民幣國際化背景下跨境電子商務和跨境支付業務的發展思考。浙
江金融，2016（8）。

〔46〕熊雄。人民幣跨境支付系統現狀介紹和探討。現代商業，2015（29）。

〔47〕許非。跨境人民幣清算網路建設研究。新金融，2015（2）。

〔48〕迎接債券市場全面對外開放時代的到來。http://wallstreetcn.com/node/220882.

〔49〕渣打銀行（中國）有限公司。人民幣跨境支付系統的功能和作用。上海金融報，
2016。

〔50〕張忠濱，宋丹。互聯網金融時代徵信業發展之道及監管對策探析。徵信，2016

（10）。

〔51〕徵信系統建設運營報告（2004—2014）。http://www.pbccrc.org.cn/zxzx/zxzs/201508/f4e2403544c942cf99d3c71d3b559236.shtml.

〔52〕中國人民銀行昆明中心支行青年骨幹人民幣跨境流動問題研究小組。人民幣跨境支付清算系統研究——以東盟、南亞區域經濟為例。時代金融，2013（14）。

〔53〕中國債券市場開放道阻且長。http://wallstreetcn.com/node/265438.

〔54〕中央結算公司舉辦銀行間債市境外投資者年會。http://www.financialnews. com.cn/sc/zq/201611/t20161124_108482.html.

〔55〕鍾紅。跨境人民幣清算體系建設的思考。國際金融，2013（10）。

〔56〕鍾磊。論構建香港人民幣離岸金融中心。福建金融，2011（1）。

〔57〕鍾曜璘，彭大衡。阿里徵信模式對中國金融徵信體系建設的啟示。徵信，2014（2）。

〔58〕周鳳華。債券市場違約風險進行時。徵信，2016（11）。

〔59〕朱冰，張智嘉。三大機構與大公國際主權信用評級比較與啟示。西部論壇，2012（9）。

後　記

　　《人民幣國際化報告》由中國人民大學自2012年起每年定期發佈，忠實記錄人民幣國際化歷程，深度研究各個階段的重大理論問題和政策熱點。本報告特別編制人民幣國際化指數（RII），用於客觀反映人民幣在國際範圍內的實際使用程度，以方便國內外各界人士及時掌握人民幣國際地位的發展動態和變化原因。

　　課題組聚焦於加入SDR以後如何拓展人民幣金融市場，夯實人民幣交易功能，從直接投資、國際信貸、債券市場、外匯市場等領域深入探討擴大人民幣使用的路徑與機制，針對人民幣金融交易現存的障礙和挑戰提出建議。

　　報告建議，要抓住加入SDR後的制度紅利，進一步強化金融交易功能，將其作為下一階段穩步推進人民幣國際化的新動力。具體而言，一是大力推動直接投資，帶動人民幣貿易結算，推動供給側結構性改革。二是將人民幣債券市場作為中國提供全球「安全資產」的主管道，完善人民幣國際「大循環」機制。三是推動建立功能強大的多層次外匯市場，充分發揮外匯市場的交易和風險管理職能。四是加強金融基礎設施建設，健全人民幣跨境清算支付體系和金融法律，完善徵信系統。

　　《人民幣國際化報告2017：強化人民幣金融交易功能》由中國人民大學國際貨幣研究所組織撰寫，得到財政金融學院國際金融教學團隊的全力支持，以及統計學院、法學院師生的通力合作。多位本校研究生、本科生參與了資料獲取、資訊處理等基礎性工作。特別感謝國際貨幣研究所學術委員會主任委員、《人民幣國際化報告》前任主編、中國人民銀行副行長陳雨露教授對2017年報告選題、寫作、評審、修改完善等各個環節給予的學術指導。感謝中國人民

銀行、國家外匯管理局、商務部、國家發展和改革委員會、中國證券業協會、中國銀行國際金融研究所、中國銀行（香港）有限公司、國新國際投資有限公司、西班牙對外銀行等機構在資料獲取、市場調查以及政策資訊核對等多方面給予的全面支持。此外，魏本華、郭建偉、郭松、王旻、張曉樸、陳衛東、孫魯軍、黃金老、曲鳳杰、呂威、黃志龍等各界專家多次出席課題組會議，提出中肯的修改意見與建議；國際貨幣研究所曹彤所長、賁聖林所長、向松祚副所長和趙錫軍教授，也為報告的不斷完善貢獻良多。對此我們表示由衷的感謝！

本報告各章節分工如下：
導 論：涂永紅，王芳
第一章：涂永紅，趙雪情，李勝男，白宗宸，周梓楠
第二章：陳周陽，姜楠，白宗宸，李勝男，胡鑫
第三章：何青，張策
第四章：涂永紅，錢宗鑫，張銅鋼，馬賽，肖君
第五章：夏樂
第六章：趙然
第七章：鄂志寰，賀曉博
第八章：剛健華，張文春，胡天龍，羅煜，鄧志偉，馮宛婷，張婕，王婧溢
第九章：涂永紅，王芳

附錄1：涂永紅，錢宗鑫，馬賽
附錄2：涂永紅，錢宗鑫，肖君
附錄3：涂永紅，錢宗鑫，肖君
附錄4：剛健華，鄧志偉
附錄5：戴穩勝
附錄6：姜楠，陳周陽

中國人民大學國際貨幣研究所
2017年7月

AA101008

人民幣國際化報告 2017〈下冊〉：
強化人民幣金融交易功能

作　　者　中國人民大學國際貨幣研究所
版權策劃　李煥芹

發 行 人　陳滿銘
總 經 理　梁錦興
總 編 輯　陳滿銘
副總編輯　張晏瑞
編 輯 所　萬卷樓圖書 (股) 公司
特約編輯　吳　旻
內頁編排　林樂娟
封面設計　小　草
印　　刷　維中科技有限公司

出　　版　昌明文化有限公司
　　　　　桃園市龜山區中原街 32 號
電　　話　(02)23216565
發　　行　萬卷樓圖書 (股) 公司
　　　　　臺北市羅斯福路二段 41 號 6 樓之 3
電　　話　(02)23216565
傳　　真　(02)23218698
電　　郵　SERVICEWANJUAN.COM.TW
大陸經銷
廈門外圖臺灣書店有限公司
電　　郵　JKB188188.COM

ISBN 978-986-496-394-2
2019 年 3 月初版一刷
定價：新臺幣 400 元

如何購買本書：
1. 劃撥購書，請透過以下帳號
　　帳號：15624015
　　戶名：萬卷樓圖書股份有限公司
2. 轉帳購書，請透過以下帳戶
　　合作金庫銀行古亭分行
　　戶名：萬卷樓圖書股份有限公司
　　帳號：0877717092596
3. 網路購書，請透過萬卷樓網站
　　網址 WWW.WANJUAN.COM.TW
　　大量購書，請直接聯繫，將有專人
　　為您服務。(02)23216565 分機 10
如有缺頁、破損或裝訂錯誤，請寄回
更換

國家圖書館出版品預行編目資料

人民幣國際化報告 .2017 / 中國人民大學國
際貨幣研究所著 . – 初版 . – 桃園市：昌明
文化出版；臺北市：萬卷樓發行 ,2019.03
　　冊；　公分
ISBN 978-986-496-393-5(上冊：平裝). –
ISBN 978-986-496-394-2(下冊：平裝)
1. 人民幣 2. 貨幣政策 3. 中國

561.52　　　　　　　　　　108002591